あのとき、この本

こうの史代 漫画

「この絵本が好き!」編集部 編

平凡社

初出
『こどものとも0.1.2』(福音館書店)折り込みふろく
2007年4月〜2013年3月

こどものころ、どんな絵本を読んできましたか？

ぼろぼろになるまで、くりかえし読んだ一冊はありますか？

いつもいつも、そばにいてくれた一冊はありますか？

71人の絵本が大好きな先輩たちと、

ときこちゃんと本さんが、

とっておきの絵本をご紹介します。

目次

天野祐吉 あまの ゆうきち（コラムニスト・童話作家） わたし 8
秋山あゆ子 あきやま あゆこ（絵本作家・漫画家） だるまちゃんとてんぐちゃん 10
野口聡一 のぐち そういち（宇宙飛行士） とこちゃんはどこ 他 12
神沢利子 かんざわ としこ（児童文学作家） おばあさんのすぷーん 14
岸本佐知子 きしもと さちこ（翻訳家） びりびり 16
谷川俊太郎 たにかわ しゅんたろう（詩人） 少年民藝館 18
五味太郎 ごみ たろう（絵本作家） きんぎょが にげた 20
杉山 実 すぎやま みのる（漫画家） たまのりひめ 22
四元康祐 よつもと やすひろ（詩人） おやすみなさい おつきさま 24
朽木 祥 くつき しょう（児童文学作家） おやすみなさい フランシス 26
松谷みよ子 まつたに みよこ（児童文学作家） いない いない ばあ 28
ねじめ正一 ねじめ しょういち（作家） ごろごろ にゃーん 30
宮崎吾朗 みやざき ごろう（映画監督） かばくんのふね 32
松本典子 まつもと のりこ（写真家） ゆっくりくまさん 34
三木 卓 みき たく（詩人・作家） わたしの庭 36
宮下奈都 みやした なつ（作家） こんとあき 38
安西水丸 あんざい みずまる（イラストレーター） もりのなか 40
なだいなだ（精神科医・作家） ふしぎなえ ABCの本 42

ウィスット・ポンニミット（漫画家）　スヌーピーの しあわせは…あったかい子犬　44
青山 南 あおやま みなみ（翻訳家）　アボカド・ベイビー　46
安野光雅 あんの みつまさ（画家）　タシャ・テューダーの本　48
司 修 つかさ おさむ（画家・装幀家・作家）　おばあのものがたり　50
最果タヒ さいはて たひ（詩人）　しろくまちゃんのほっとけーき　52
佐々木マキ ささき まき（マンガ家・イラストレーター・絵本作家）　はるですよ ふくろうおばさん　54
湯本香樹実 ゆもと かずみ（作家）　ガンピーさんのふなあそび　56
内田かずひろ うちだ かずひろ（マンガ家）　こびとと ゆうびんやさん　58
石川浩司 いしかわ こうじ（ミュージシャン）　メキメキえんぴつ　60
堀口順子 ほりぐち じゅんこ（小説家）　みんな うんち　62
長嶋康郎 ながしま やすを（「古道具ニコニコ堂」店主）　どんどん どんどん　64
宇野亜喜良 うの あきら（イラストレーター・グラフィックデザイナー）　栄光への大飛行　66
しまおまほ（イラストレーター・漫画家・エッセイスト）　とうさん おはなし して　68
小林里々子 こばやし りりこ（小説家）　かいじゅうたちのいるところ　70
山川直人 やまかわ なおと（漫画家）　みんなの世界　72
稲葉真弓 いなば まゆみ（小説家・詩人）　ちいさいおうち　74
アーサー・ビナード（詩人・エッセイスト）　こぶとり　76
恩田 陸 おんだ りく（作家）　ぺにろいやるの おにたいじ　78

今江祥智 いまえ よしとも（児童文学作家） しばてん 80
鴻池朋子 こうのいけ ともこ（美術家） ハリス・バーディックの謎 82
古川タク ふるかわ たく（イラストレーター・アニメーション作家） ぬすまれた月 84
南 伸坊 みなみ しんぼう（イラストレーター・エッセイスト） かえるとカレーライス 86
志村貴子 しむら たかこ（漫画家） いやだ いやだ 88
中島京子 なかじま きょうこ（作家） どろぼう がっこう 90
甲斐みのり かい みのり（文筆家） からすの パンやさん 92
ミシシッピ（絵描き・マンガ家） 三びきのやぎの がらがらどん 94
林 明子 はやし あきこ（絵本作家） 2ひきのわるいねずみの おはなし 96
岡田 淳 おかだ じゅん（児童文学作家） ヤマダさんの庭 98
岡崎武志 おかざき たけし（ライター・書評家） アラスカたんけん記 100
井上荒野 いのうえ あれの（小説家） スザンナのお人形 ビロードうさぎ 102
中脇初枝 なかわき はつえ（小説家・児童文学作家） ぐりとぐら 104
伊藤比呂美 いとう ひろみ（詩人） きつねとねずみ 106
藤枝リュウジ ふじえだ りゅうじ（イラストレーター・アートディレクター） しごとをとりかえたおやじさん 108
岩岡ヒサエ いわおか ひさえ（漫画家） こねこの ねる 110
堂島孝平 どうじま こうへい（ミュージシャン） よあけ 112
祖父江慎 そぶえ しん（ブックデザイナー） やっぱり おおかみ 114

白石ちえこ　しらいし ちえこ（写真家）　アナボコえほん　116
高野文子　たかの ふみこ（漫画家）　写真でみる 農耕と畜産の歴史　118
坂口恭平　さかぐち きょうへい（建築家・作家）　おふろだいすき　120
平岡あみ　ひらおか あみ（詩人）　カロリーヌと ゆかいな8ひき　122
飯沢耕太郎　いいざわ こうたろう（写真評論家・きのこ文学研究家）　もりのこびとたち　124
いしいしんじ（作家）　ふしぎなたまご　126
吉田戦車　よしだ せんしゃ（漫画家）　おにたのぼうし　128
中沢けい　なかざわ けい（小説家）　おそばのくきはなぜあかい　130
藤野千夜　ふじの ちや（小説家）　ちからたろう　132
富安陽子　とみやす ようこ（児童文学作家）　めっきらもっきら どおん どん　134
石澤彰一　いしざわ しょういち（押忍！手芸部部長）　てん　136
森見登美彦　もりみ とみひこ（小説家）　ぼくは くまのままで いたかったのに……　138
細谷亮太　ほそや りょうた（小児科医）　あかちゃんの くるひ　140
澄川嘉彦　すみかわ よしひこ（映画監督）　おなべ おなべ にえたかな？　142
長田 弘　おさだ ひろし（詩人）　こねこのぴっち　144
鈴木理策　すずき りさく（写真家）　はせがわくん きらいや　146
こうの史代　こうの ふみよ（漫画家）　おおきな おおきな おいも　148
あとがき（こうの史代）　150

天野祐吉さんのこの本

わたし

「わたし」ってなんだろう。

辞書をひくと、

「一人称。〈わたくし〉よりもうちとけた場で用いる。現在、一人称としてもっとも普通の語で、男女ともに用いる」

なんて書かれている。でも、これではなんのことか、さっぱりわからない。

そんな「わたし」とは何かを、この絵本はみごとに定義してくれる。

わたし
おとこのこから　みると　おんなのこ
あかちゃんから　みると　おねえちゃん
おにいちゃんから　みると　いもうと
（中略）
しらないひとから　みると　だれ？

そうなのだ。「わたし」というのは、それだけでは存在しない。「わたし」以外のものとの関係で存在するものだし、その関係でしか定義できないものだといっていいだろう。

こういってしまえば、当たり前のことである。が、「わたし」とは何かを、こんなに正確に、こんなにわかりやすく、そしてこれがいちばん大切なことだが、こんなにおもしろく定義したものが、いままでほかにあったろうか。

この絵本をはじめて見たとき、「ああ、目からうろこが落ちるとは、こういうことだったか」と、ぼくは思った。ぼくの目からうろこが落ちたのはこのときだけで、それ以前にもそれ以後にもまったくない。

その当時のぼくは、『くじらのだいすけ』とか

わたし

谷川俊太郎 ぶん
長新太 え
（福音館書店）

『ぬくぬく』とか、民話ふうのお話しか書いていなかったのだが、「そうか、こういう絵本もあるんだ」と、しんそこびっくりしたのをおぼえている。

以来、ぼくも谷川さんのような絵本をつくりたいと思ってはきたが、『わたし』のようなすごい本はとてもできない。が、出来はともかく、『ぼくのおじいちゃんのかお』とか『絵くんとことばくん』とか、そんな思いの中からいくつか絵本をつくってきた。

谷川さんには、ほかにもいい絵本がいっぱいあって、どれもぼくは好きだけれど、あえてその中から一冊を選べといわれたら、ぼくは迷うことなく、『わたし』を選ぶ。

ときこの本
ほん
こうの史代
1
わたし
本からみると
読者さん
心をガッチリつかんで
離さない本を求めて
来たけれど
離さないよ。
手をガッチリつかんで
離さない本に出会って
しまいました。
うう…
お客さん
閉店なんです
けど….
ぎゅう
じゃ
この本
買います…
つづく

秋山あゆ子さんのこの本

『だるまちゃんとてんぐちゃん』

子どもの頃、一番好きだった本は、『だるまちゃんとてんぐちゃん』。大人になって、一番好きな本は、やっぱり『だるまちゃんとてんぐちゃん』です。

初めてこの絵本を手にした時は、いろいろな装身具がずらりと並んだ「づくし絵」的楽しさに夢中になりました。たくさんのうちわや帽子や靴の絵を見て、一つ一つ、これはどんな人が付けたら似合うだろう、なんてコーディネートしてみたり、そんなことが楽しくてたまらなかったのをよく覚えています。

それでいつ頃からか、多分三〇代を過ぎてからだと思いますが、今度は読むごとに泣いてしまうようになりました。もちろん、悲しさや切なさなど少しも見当たらないお話です。つまり感動のあまり、泣くのです。

だるまちゃんは、てんぐちゃんの持っている道具を羨ましがって、おおきなだるまどんに「ほしいよ　ほしいよ」とわがままを言います。だるまどんは、よしよしと言って、いろいろな物を集めてきますが、どうもだるまちゃんの感性にはピッタリきません。だるまちゃんは、次から次へと要求を突きつけ、その都度、不満げな態度をとるわけですが、それでも、だるまどんは、鷹揚に受け止め、彼の望みを叶えようとします。

このやりとりの繰り返し、その中になんと深い愛のあることか。何も子どものわがままを聞いてやることが愛情だというわけではなく、どこまでも甘えるだるまちゃんと、どこまでも寛容なだるまどんの間に、愛に満たされた幸福な家族の姿が見えるのです。そしてまた、だるまちゃんに付き合うてんぐちゃんの気のいいことといったら。こ

だるまちゃんとてんぐちゃん

加古里子 さく・え
（福音館書店）

ときこの本 2
こうの史代
う〜ん
悩む人…。
う〜ん
さらに悩む人…
お友達と会うと
ときこちゃん
だるまこちゃん待った?
いいメガネしてるわね
いい本持ってるのね
だるまこちゃんこそ赤くてすてきねー
自分にとって当たり前でも他人にとっては珍しい事って案外多いのだと気付きます
つづく

の絵本を開くと、本来形のない愛情や優しさというものがはっきりと見えます。そのシンプルな美しさに心が震えます。

どうしてずっと変わらずに同じ本を愛し続けているのか、趣味嗜好がほとんど変わらずに今日まで来たとも言えますが、それよりも、とても早い時期に自分の魂の一冊に出会ってしまった、ということだと思います。その偶然に感謝しています。

ところで、だるま家に集められた装身具の中で、子どもの頃のお気に入りは、海老模様のうちわと赤いふさふさの付いた騎士風兜と長靴でした。現在は、火の用心うちわと茶色いイカのような帽子と地下足袋に心惹かれております。

野口聡一さんのこの本

とこちゃんはどこ 他

子どもの頃から、絵本に囲まれて大きくなりました。夜寝る前には毎晩母が絵本を読んでくれたのを覚えています。乗り物好きだった僕は、当然ながら乗り物が主人公の絵本が大好きでした。ちびっこ消防車が活躍する『しょうぼうじどうしゃじぷた』、教科書にも採り上げられた『きかんしゃ やえもん』、ページから石炭の匂いが伝わってきそうな『いたずらきかんしゃちゅうちゅう』などは、何度もくりかえし読んでもらいました。また、絵の面白さで夢中になってしまう本もありました。加古里子（かこさとし）さんの『とこちゃんはどこ』は妹と二人で「とこちゃん」の赤い帽子を一生懸命探しましたし、安野光雅さんの『さかさま』は、トランプの兵隊が「ぺる　ぺる　ぺる」と登っていく不思議な階段や建物がいったいどう繋がっているのだろうと、まさに夜眠れなくなるくらい悩んだものでした。

三〇年たって、今度は僕が子どもに絵本を読んで聞かせる番になりました。我が家は物持ちが良いのか、僕が子どもの頃に読んでいた絵本が何十冊も残っています。三〇年前に僕が読んでいた絵本を、自分の娘たちが夢中になって読んでいるのを見ると、絵本には本当に時を越えた魅力があるのだな、と納得させられます。不思議なもので、絵本を読み聞かせていると自分が子どものときに感じたわくわくする感じを思い出してきて、とても懐かしくなります。『どろんこハリー』が楽しそうに煤だらけになって遊ぶ様子、『ひとまねこざる』の可愛いいたずらとどこか危なっかしい冒険の数々、『ぐりとぐら』の楽しそうなピクニック。むかし母親に読んでもらったときのイメージ

とこちゃんはどこ

松岡享子 さく
加古里子 え
（福音館書店）

が蘇ってくるのでしょうか、読み方にも一段と熱が入るような気がします。

懐かしい作品ばかりではなく、新しい絵本にも出会いました。ちょうど長女が誕生した年に発刊された「こどものとも0．1．2．」は創刊号からお世話になりました。『あっちのまど こっちのまど』、『ありのあちち』など、表紙がぼろぼろになるまで読んだ本も少なくありません。移動の車中で、家族の食卓で、子ども部屋のベッドの上で、これからもいろんな場所で絵本は子どもたちの夢と想像力をかきたてながら、親しまれていくのでしょう。きっと三〇年後も、一〇〇年後も。

ともこの本
こうの史代
3
本
本を なくして しまった！
¥お会計¥
本日発売！
たすけてー
寄ったところを たどってみよう
早く見つけてー
さあ どこに あるのか….
古新聞回収中
あった
待ってえ
待ってー
えらい目に あったけど つづく。

神沢利子さんのこの本

おばあさんのすぷーん

「こどものとも」とは創刊号以来の長いおつき合いです。

『おばあさんのすぷーん』は、わたしの三作目の「こどものとも」絵本です。

久しぶりにこの絵本をひらいて、思わず「ふふふ」とわらってしまいました。

「なるほど、このおばあさんはわたしだよ」

書いたときから四〇年近くもたったので、作者のわたしも、このおばあさん同様、りっぱなしらがのおばあさんとなりました。

このわたし、元々なぜかスプーンが好きで磨くのも大好きなのです。せっかく磨いたスプーンをカラスにとられたら、そりゃ、追っかけますよ。

でも、スプーンをソリにして雪山をすべりたいのもこのわたし。しかし、いっかなこの図体では無理なはなしです。そこで、ネズミに代ってもらったのでした。

けれど、今こう書きながら、スプーンにのっけたおしりと同じく、なにやら、おしりが憶えているその記憶とは——？

それは七五年も昔にさかのぼります。

北緯五〇度に近いサハリンの山村で育ったこどもの頃、冬の遊びといえば雪ダルマ、雪合戦、スキーにソリにと限りなく、雪にまみれて遊びくらした毎日でした。ソリの大方は手作りの木製ものでしたが、ある日、登場したのが、なんと、なんと、湯たんぽのソリです。北国の家庭にはブリキ製の小判型の湯たんぽが、どこの家庭にも必ずありました。

古くなって凹んで穴のあいたものも沢山。

そこで、それを持ちだして、凹んだところにおしりをのっけて、両端に手をそえて、両足のばし

神沢利子 さく
富山妙子 え
（福音館書店）

た格好で、雪山をしゅーっとすべりおりるのです。勢い余ってクルクル回転して転げたり、猛スピードで、あらぬ方向へ突進したりスリル満点でした。

湯たんぽの凹みに、うまくのっかったこどものおしり。ああ、愉しかったなあと、今や八三のおばあさんとなっても、体が憶えているあの感覚よ。

スプーンと湯たんぽはサイズも形も異なるけれど、どちらもわたしにはソリなのよと、なんだか可笑しくなつかしく、ひとりわらってしまったのです。

ときこの本
4
こうの史代
たまには お料理でも しようかな!
うーん 難しそう…
ねえ本さん、もっと簡単なお料理知らない?
本本
おたまじゃくしとは、元々おたまじゃくしの事を指し、おたまじゃくしや、おたまじゃくしは、おたまじゃくしに似ているから、おたまじゃくしと呼ばれるのであろう。
おたまじゃくしは、一般に四分音符と呼ばれるのでさておき、本来おたまじゃくしではないおたまじゃくしをおたまじゃくしとしか呼ばずして、むしろおたまじゃくしの方をおたまやしゃくしなどと呼ぶ風潮は、おたまじゃくしとしても、おたまじゃくし以前から地球上に存在しているおたまじゃくしとしても、たまにしゃくに障る感は否めまい。
ときこ 難しい顔して どうしたの?
う〜ん…
つづく

岸本佐知子さんのこの本

びりびり

子どものころに見たり聞いたり読んだりしたもので深く記憶に残っているのは、楽しく幸せな感じのものよりも、恐かったり意味がわからなかったりしたもののほうが圧倒的に多い。絵本でいうなら、たとえば『海のおばけオーリー』。子ども向けとは思えない黒に支配された色調の本で、アザラシの仔を殺すために壁にかけられた木槌やノコギリに目が釘づけになった。あるいは『ひとまねこざる』。おさるのジョージが吸いこんで、世界がぐにゃぐにゃに歪んで見える〝エーテル〟という謎の液体が、気になって仕方がなかった。

　そして『びりびり』。これを読んだのは幼稚園のときで、たしか毎月配られる「こどものせかい」という絵本の、ある月の号がこれだったように思う。ストーリーと呼べるようなものは何もない。作家が紙を切り抜いたら、変な生き物が出来あがる。巨大で真っ黒な卵形の体に、小さな目とひょろひょろの四本脚。「びりびり」と名前をつけてやったら勝手に歩きだし、ボタンや、目覚し時計や、長靴を食べては、分裂して数が増えていく。ページをめくるたびに「びりびり」は倍々ゲームで増殖し、最後のほうでは、小さなかけらみたいな体におのおの目玉と脚をつけたたくさんの「びりびり」たちが、ぞろぞろとページを行進する。その無意味な感じ、変な生き物がとめどなく増えていく無限の感じが子ども心に恐ろしく、でも言葉と絵のリズムに釣られて、気がつくとまた始めから読んでいる。

　私の記憶では、この号にはソノシートがついていて、絵本の言葉にメロディをつけたものをダーク・ダックスが歌っていた。

びりびり

東君平
（ビリケン出版）

こらビリビリ　そらビリビリ

というリフレインを、あの端正な男声四重唱が大まじめに歌っているのがまた何とも不気味で、「びりびり」の恐怖はいや増しに増した――とたしかに記憶しているのだが、二〇〇〇年に復刊されたものには、なぜかこのソノシートがついていない。残念だ、と思うのと同時に、もしやソノシートなんか始めからついていなかったんじゃないかと、そのことがそろそろ不安になりはじめている。

5
ときこの本
こうの史代
それはいちまいの大きなしろい紙だった。
どこからともなく字が集まってきて、やがていっぱいになった。
そのうち字どうしが議論を始めて
意見はまっぷたつに分かれてしまった。
それでも議論は終わらない
こんなにこまかく
なって　しまった
すると　今度は
寂しく　なって
まだまだ論争して
どんどん分かれて
また集まって
糸とのりでつながって
のり
じょうぶな紙の上着をつけて
旅に出た。
えっそれで？
そのあとどうなるの？
つづく

谷川俊太郎さんのこの本

少年民藝館

私は子どものころ、子どものための絵本も見たり読んだりしましたが、父の書斎の本棚にある百科事典や美術全集や写真集を絵本のように見るのが好きで、いまでもそういう本を絵本のうちに入れて考えています。また私の父は哲学の勉強をした人でしたが、美しいものに目がなく、若いころから古道具や骨董の店に出入りしていて、家で毎日使う茶碗や皿やお盆などにも、少し時代がかっているものが混じっていました。

　日本民芸の父とも呼ばれる柳宗悦（やなぎむねよし）さんとも親しく、有名な芸術家の創った作品と同時に、名もない職人が作ったいわゆる民芸も家にはたくさんありましたから、私は自然に自分なりの美の基準のようなものを、身につけることができたと思います。

　この『少年民藝館』は、私の大好きな「絵本」のひとつで、倉敷民芸館の売店で手に入れてから、折にふれて楽しんでいます。たとえば日常使われている皿小鉢のたぐいは、それぞれの家庭でさまざまだと思いますが、たとえ安いものであってもそこにある統一された好みがあれば、美しく見えるものです。有名な絵や彫刻については、美術館や展覧会で見たり話題にしたりすることも多いでしょうが、毎日使う身の回りのものについては、学校や家庭でどれだけ意識され、話題にされているでしょうか。

　私は海外に行ったとき、必ずその土地で生まれた民芸品を、記念に買って帰ることにしています。メキシコで買った彩色された小箱、モロッコで買った小鉢、ネパールで買った仏具、ノールウエイで買った白木のトング、インドで買ったガラスのガネーシャ像などなど、ずっと手元に置いていま

外村吉之介
少年民藝館
用美社
外村吉之介
（用美社）

すが、そういう伝統に根ざした本物の民芸が、だんだん観光客目当ての量産品に取って代わられてゆくのが残念です。

この本は見る本であるのと同時に読む本でもあります。子どもにも大人にも分かりやすく、意を尽くして民芸の大切さを説いておられる外村吉之介さんの文章が、すばらしいのです。まえがきにはこうあります。「見せかけの駄目なもの、着飾った怠けもの、高くて威張っているような道具を捨て、健康で無駄がなく威張らない美しさを備えてよく働く、良い友だちをみなさんに紹介したいと思って、世界中の美しい工藝品を選んで並べました。」

6
ときこの本
こうの史代
よく来たねえ ときこ
おじいちゃんの笠 便利そうでいいなあ…
道具とは もの言わぬ 友だちのような ものだ
へえー そんな蚊取り線香入れも あるんだね!
おばあちゃんの そばにいな 蚊が来ない からね
無駄のない 威張らない 美しさを備えた 友だちは 宝である
そして そんな宝探しこそが 人生なのかも 知れない
さがしてごらん。
ぱら
ぱらぱら
ええっ 何々!? どこに
しかし無駄のなさや 威張らなさを 見つけるのは 実は とても難しいことだ
つづく

五味太郎さんのこの本

きんぎょが にげた

バンコクの本屋さんでタイ版の『みんな うんち』を見つけたのでわーいわーいと喜んで、可愛い店員さんといっしょに記念撮影をした一年後くらいに、また外国でぼくの本に出会いました。今度はイランのテヘランの街でした。でも本屋さんではありません。埃(ほこり)っぽい小さな公園のベンチの上でした。いちおう映画祭の審査員ということでその街に行ったのですが、あまりたくさんの映画を観せられたので少し飽きてしまって、上映会場から街へ逃げ出して、あちらこちらほっつき歩いてちょっとひと休みのつもりで小さな公園のベンチのところへ行ったのでした。そのベンチの上に『きんぎょが にげた』があったのね。びっくりしました。えっ！ なんで？ ここに、わっ、どうしよう……。だいぶ混乱しました。おそるおそる手に取ってみました。たしかに我が『きんぎょが にげた』です。間違いありません。でもペルシャ文字です。この一週間くらい、いやという程目にしているペルシャ文字です。読めません。でもたぶん『きんぎょが にげた』って書いてあるんでしょう。中味を見て驚きました。ちゃんと逆のレイアウトになっています。つまり、ペルシャ文字の文章は右から左へ向って読みますので右開きにならないといけません。日本語の縦組みを横にしたみたいな具合です。当然中味も右から左へ読んでゆけるように修正されていました。びっくりです。でも残念ながら絵そのものは元のままですから、きんぎょさんは右の方を向いてます。左から右へ動いてゆく気配のままです。ま、仕方ないよねといった塩梅です。印刷はすごく変です。全体にペラペラです。これどうやら俗に言う海賊版というやつね。たぶん英語版をコピーして作り変えたや

きんぎょが にげた

五味太郎 作
（福音館書店）
※上は後日出版されたアラビア語版。左右が逆になっている

つね。で、誰が作ったのかしらと裏表紙あたりを探っていたら、いつの間にかスカーフをした小さな女の子が二人ぼくの脇に立っていて、「その本わたしのよ、返して」というような目つき手つきをしたので、「はい、すみません、勝手にさわって……」というような思いでその本を渡しました。二人が公園から消えた後、その偶然の出会いにぼくはしばらくぼーっとしていましたが、後になって、あっ、記念撮影しておけばよかったと思いました。

ときこの本
7
どこからか
知らない歌が
聞こえてきて
ついうたた寝して
すてきな夢を見ました
で、これも夢なのかな!?
つづく

杉山実さんのこの本

たまのりひめ

僕の娘は現在二歳です。

娘の中で僕は遊び担当のようで、結果として絵本の読み聞かせも僕がやることが多いのですが、僕は子どもの頃から音読が苦手で、妻が色々な声色を使ったりおかしく読み上げる様を見ていると、巧いものだなぁと感心してしまうのです。

けれど何故か娘は僕のところに絵本を沢山抱えて「これよんで」と持ってくるので、僕も嬉しくなってしまって、いつものボー読みを繰り返す毎日なのです。

さて家には沢山の絵本があります。これは妻が職場から借りてきたり（児童館に勤めています）、初孫効果によって集まってきたものたちなのですが、もう本棚一つ占領してしまっています。

そんな中でも娘が毎回抱えてくる「お気に入り」があるのですが（僕は輪廻本と呼んでいます）、これが「確かに」と思える名作から「何でこれが」と思うものまで様々で、いったいどういう基準で選ばれているのか、そもそも基準自体があるのか……なのです。

そんな輪廻本たちの中で今回取り上げさせていただくのが牡丹靖佳さんの『たまのりひめ』です。

この本は「たまのりひめ」が「おとも」をつらつら引き連れて不思議な世界を歩いて行くのですが、その独特の絵柄とシュールな展開が魅力の素敵な絵本です。文章が韻を踏んでいて僕の一本調子でも楽しく聞こえるのか、特にリクエストの多い一冊です。

ある日娘がシールを持って何やらやっているのでしばらく見ていると、『たまのりひめ』を持ってきて、さあ読めと突きだしてきました。

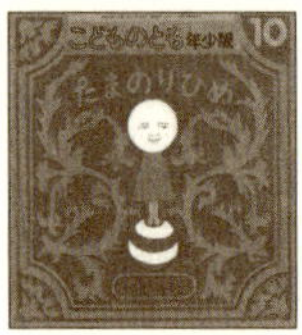
こどものとも年少版
10
たまのりひめ

牡丹靖佳
（「こどものとも 年少版」
2006年10月号　福音館書店）

僕も繰り返し読んできて、完全に覚えてしまったので「またか」とばかりにつらつら読み始めると、何と本のあちらこちらにシールが貼られていたのです。

あーあなんてことを、と思って見るとこれが何故か絶妙な位置に貼ってあって、たとえば滝壺にペットボトルだったり穴の中に焼き魚だったりするのです。そのあまりに見事なコラージュぶりに思わず笑ってしまいました。

今でも『たまのりひめ』はお気に入りでよく読まされています。もう表紙はボロボロですしシールもまた増えてしまっているのですが、まあそれだけこの本が愛されているということなのでしょう。

8
ときこの本
うーーん…
時々落ち込む ことがある
まちがえた
人は誰でも 何かしら とりえがある というけれど
うーん…
勉強も運動も それなりで 手先も不器用な
たまには 編み物を 教えてやろう
あみかた
また まちがえた
わたしにも 何かとりえって あるのかなあ
ねえ お母さん
さあ……
つづく

四元康祐さんのこの本

おやすみなさい　おつきさま

　子どもたちが米国生まれのドイツ育ちなので、我が家には英語、ドイツ語、日本語の順で絵本があります。一番印象に残っているのは、上の息子に私が父親として最初に読んだ絵本でしょうか。M. Brown 作、C. Hurd 画『GOODNIGHT MOON』。明かりを消した子ども部屋で、ベッドサイドの小さなランプを頼りに読むんです。冒頭は今でも唱えられます。“In the great green room / There was a telephone / And a red balloon / And a picture of ——”

　話らしい話とてありません。緑の部屋のベッドの上で、パジャマに着替えた子どもの兎が、おばあさん兎に見守られながら静かに過ごす、眠る前のひととき。コトバは子ども兎を取り囲む事物のひとつひとつに「おやすみ」と呼びかけるだけ。英語が韻を踏んでいて、音楽のように快く響くんです。だからなんど読んでも飽きない。kittens and mittens, house and mouse, mush（粥）and “hush”（「しー」）。読んでいるうちに周囲の暗がりが奥行きを増し、静けさが深まってゆく。ベッドの底から一心に本を見上げる子どもの、ぼうーと満ち足りて、それでいてどこか不安げな眼差し。親だってそうです。長い一日の終わりでくたくたで、未来への希望と怖れが交錯する、そんな時間に唱える祈りのようなコトバ。Goodnight light, Goodnight stars, Goodnight air……

　絵のなかにも夜が満ちてゆきます。暖炉の炎や時計の針のチクタクまで聴こえそうな静けさ。こっそりと動きまわる子ネズミ。窓の外には星と月しか見えないので、緑の部屋が虚空をさまよう宇宙船のように思えてくる。すると子どもが生きて今ここにいることも、この絵本そのままなのだと

おやすみなさい
おつきさま

マーガレット・ワイズ・ブラウン さく
クレメント・ハード え
（評論社）

9
ときこの本
おやすみ おつきさま
おやすみ コートさん
おやすみ 今年のカレンダーさん
おやすみ てぶくろさん
12
おやすみ さっきまで はいていた くつ下さん
おやすみ 書きかけの英作文 おやすみ 編みかけの帽子
おやすみ 机の下の けしごむのかすさん
おやすみ 本さん
ククク…… 明日こそ そうじしよう…
つづく

不意に気づいて、なぜかほっと慰められて。夜のはるかな広がりに一日の歓びと苦しみを解き放つのです。

　あれから一七年経った今でも、その感覚をまざまざと覚えているのは、この本に私たちの生の根っこのところ、大袈裟にいうなら実存的な手触りがあるからでしょうか。今回改めて読み返して、思いました。私自身がおばあさん兎のように年老いて、いつか地上から去ってゆくとき、この本にこめられた限りなく静かで優しい「おやすみなさい」の声を聴いていたいと。

朽木祥さんのこの本

おやすみなさい フランシス

私の子ども時代からは絵本がすっぽり抜けている。家にあるのは画集や本ばかりで、なぜか絵本は一冊もなかったのだ。だが、その空白を埋める天恵のように、長じて、世界の絵本年表を作成する仕事をいただいた。

一夏ひたすら書誌情報の基礎調査、のはずだった。だが困ったことに、手に取る絵本、絵本に読みふけってしまう。仕事はいっこうにはかどらず、絵本が素晴らしければ素晴らしいほど、子どものときに出会っていれば、と歯がみしたいような気持ちになった。

『おやすみなさい フランシス』も、そんな一冊だった。(しかも、あのガース・ウイリアムズが愛らしいアナグマを描いていた!)

あるとき、だんまりの子どもに口を開かせる「魔法の言葉」を教えてもらったことがある。各国の子どもたちが集まった催しで、どうしても口をきこうとしないフランス人の女の子がいた。すると、ひとりの紳士が立ち上がって行って、女の子の耳元で何やらささやいた。女の子はすぐに口を開いてきっぱりノンと答えるや、椅子からぴょんととびおりた。そして、遊んでいる子どもたちのところへ大急ぎで駈けていった。

「なんて、おっしゃったんですか?」と尋ねてみると、紳士はにっこり笑って「ねむたいのかな?って聞いただけ」。

そう、子どもは寝たくないのである。寝にやられるくらいなら、どんなことだってするのである。眠っている間にどんな楽しいことを逃すかわからないし、ひとりでベッドに入ったら、どんな怖い夢を見るかわからないからだ。『おやすみなさい フランシス』は、子どものそんな気持ちを、とて

おやすみなさい フランシス

ラッセル・ホーバン ぶん
ガース・ウイリアムズ え
まつおかきょうこ やく
(福音館書店)

も丁寧にしかも愉快に描いている。

　幼いころにめぐりあいたかった。フランシスや「かいじゅうたち」に。「あくたれラルフ」や「どろんこハリー」にも。大親友になれたはずだった！

　無念さから、幼い娘には絵本をたくさん手渡した。その娘が、フランシスの口まねをして〝……

なにか　でてくるんじゃないかしら？　むしか、くもか、でなかったら、くらいところにいる　ほそいあしの　いっぱいあるもの……〟と歌うように語り始めるとき、母はむろん嬉しい。嬉しい気持ちに嘘はない。けれども、母の内なる「子ども」は、やっぱり少し、少しだけ、嫉妬してしまうのだ。

ときこの本
ほん
10
どうも眠れないなあ……
おなかが空いているわけでもないし
お散歩しても全然眠くならないや
そんな初夢。
困ったなあ……
ことしもよろしくね！
つづく

松谷みよ子さんのこの本

いない いない ばあ

私にとってはじめての絵本『きつねのよめいり』が福音館書店の「こどものとも」八月号として出たのが、一九六〇年のことだった。それはまた画家、瀬川康男とのはじめてのコンビでもあった。

当時、絵本といえばその多くはオモチャ屋で粗悪な絵本が並ぶばかりで、ひとり福音館の松居直（ただし）氏が「こどものとも」で新しい絵本を創り出していた。それだけに『きつねのよめいり』は私にとって忘じ難い一冊であった。瀬川康男氏とは、当時夫と私で起ち上げた劇団太郎座でもいっしょに仕事をしており、家族ぐるみのつきあいだった。

一九六六年、二人目の子どもを身ごもったころ、「あかちゃんのための絵本」をつくりたいという思いが、ふつふつと湧いてきた。童心社の編集長、稲庭桂子さんも同じ心持で、さて、ではあかちゃんのための絵本とはなにかを模索するなかで、瀬川康男氏が「おれにやらせろ」と名乗り出た。「え、康男さんが？」と驚くと「おお、モモちゃんだって描けるぞ」と、あかちゃん病院を訪ねてスケッチを重ねた。我が家へも訪れて、当時ようやくおすわりをはじめた二女をスケッチした。

そうしたなかで生まれたのが『いない いない ばあ』である。はじめ、なにしてこうして、こうなって、いないいないばあ、と終らせようと考えていたが、進めていくうちに、はたと、「いないいないばあ」だけで一冊の絵本にするべきだと思い当たった。

そこで康男さんに「あかちゃんの本だから、くまやねこが、いないいないばあ、をしているだけの絵本なの。だから、まわりになんにも描かないでね。そして、動物が横むきでも、かならず目は

いない いない ばあ

松谷みよ子 ぶん
瀬川康男 え
（童心社）

あかちゃんをみつめてほしいの」とたのんだ。

ゲラ刷りが出来たときに二女に見せた。一九六五年一〇月生まれの彼女は「もっか、もっか」もう一回見せてとせがんだ。あかちゃんの本が、あかちゃんによって認められた瞬間だった。

師、坪田譲治は、出来上った『いない いない ばあ』を手にとって、「この本は日本中のあかちゃんのところへ届くでしょう」と、ことほいでくださった。そしていまもたしかに絵本『いない いない ばあ』は、日本中のあかちゃんのところへ、届けられている。

ときこの本
ほん
11
いない いない ばあ
あぶらこうもりさんが
いない いない……
ばあ
いない いない ばあ
ひめしおまねきくんが
いない いない……
ばあ
いない いない ばあ
こんどは だれかな
いない いない……
えとぴりかさんが
ばあ
ときこ……
もっと わかり易い
本あるかなあ
……
兄さんと
赤ちゃんが
遊びに
来ました。
本さん
……
つづく

ねじめ正一さんのこの本

『ごろごろ　にゃーん』

長新太（ちょうしんた）さんの絵本は読んでいてわからなくても頭を抱えたくならない。わからないことが楽しくなってくる。長さんの絵本は言葉を考えるよりもわからないまんまぽーんと放り出したくなってくる。長さんの絵本は謎を謎のまま立ち止まっていたほうがどんどん楽しくなってくる。

その長さんの作品の中で、『ごろごろ　にゃーん』はもっともわからなくて心がうきうきしてくる。長さんは絵描きなので、言葉を信用していない。言葉に過大に期待がなく、自分の何かを伝えたいという気持ちはまったくない。そこが長さんの素晴らしいところだ。

長さんにはこれといった言葉の優先順位もないし、最後に言葉で決着をつけたい気持ちもない。つまり、長さんの絵本にはオチらしいオチはいらないのだ。

ごろごろ にゃーん

長新太 作・画
（福音館書店）

先日、地元の飲み屋で呑んでいたらサラリーマンの男ふたりがレジでお金を払おうとしていたのだが、

「今日は私が払います」

「何を言っているんですか。私が払います」

「いや、私が払います」

「私が払います」

「私が払います」

「いや、私が払います」

「私が払います」

「私が払います」

「私が払います」

「私が払います」

「……」

「……」

ふたりはベロベロに酔っ払っていて、同じ言葉

の繰り返しであった。私はこの繰り返しを聞いているうちに「私が払います」という言葉が「ワタシガハライマス」という音に聞こえてきた。言葉が音になる瞬間に立ち会ったのだ。ところが、背の高い男のほうが「この間、奢ってもらったし、今日は私のほうが誘ったのだから、今日はお願いだから」と自分が払う理屈を述べ出したとたん、「ワタシガハライマス」という言葉の繰り返しの面白さが突然消え失せた。理屈を述べ出したとたんに言葉は色褪せ、痩せてくる。

長さんは理屈というものが一番くだらないことをよく知っていた。『ごろごろ にゃーん』は理屈好きな、言葉に余分な贅肉のついた詩人や作家には考えつかない、絵描きの長さんしかできない絵本である。

12
ときこの本
ほん
うきうきわくわく
はらはらどきどき
うっとりじ〜ん
あー面白かったねえときこ
本てまったくやっかいです。
ハッ
楽しみにしてたのにー!!!
終
また来週!
はまったね
フフフ
つづく

宮崎吾朗さんのこの本

かばくんのふね

二〇〇七年の初夏、仕事でパリのルーブル美術館に行きました。三日間美術館に通いつめ、最終日にミュージアムショップに行きました。そこで資料の本を買い込んだ後、自家用のお土産がないかとうろうろしていたときに目にとまったのが小さな青いカバのキーホルダーでした。それは古代エジプトの墳墓から発見された「青のカバ」と呼ばれる像を模したもので、あまりに愛らしいので、ひとつ買って帰りました。

　最近は動物園もずいぶんご無沙汰なのですが、何年か前に多摩動物公園に行ったときに、カバがいないのでがっかりした覚えがあります。動物園ではゾウやキリンやライオン、最近ならシロクマやペンギンが人気者なのでしょうが、僕が動物園で見たいのはカバなのです。

　どうやら僕はカバが好きらしいのです。

　今ではずいぶんましになりましたが、小さいころの僕はずいぶん引っ込み思案な子で、外で遊ぶよりも家で絵本を眺めたり、工作をしたりするのが好きな子でした。家には「こどものとも」シリーズをはじめ、沢山（たくさん）の絵本があって、暇があればよく絵本を眺めていました。

　ところが、ずいぶん沢山絵本を読んだはずなのに、インタビューなどで「子どものころはどんな絵本を読みましたか？」と質問されると、なかなか思い出せないで困ってしまうことが多いのです。そんな中で、すぐに思い出せる数少ない絵本のひとつが『かばくんのふね』です。

　大きなかばくんと小さなかばのこ、そしてもっと小さなかめ。その取り合わせだけでも十分魅力

かばくんのふね

岸田衿子 さく
中谷千代子 え
（福音館書店）

的なのに、『かばくんのふね』では動物園に洪水まで起きるのです。僕は小さいころ、なぜか洪水に憧れていたのです。いつも見ている風景が水の中になったら素敵だなぁ、と。もっともそれは水が澄んでいてきれいな、あくまでも想像の中にしかない洪水なのですが。

　岸田衿子さんの簡潔だけれど耳にのこる言葉と中谷千代子さんの素敵な絵。それによって描き出されたかばくんたちと洪水は、小さかった僕を魅了したのでしょう。おかげで、僕はいまでもカバが好きなのです。たぶん。

　こうして書いているうちに、なんだか、ひさしぶりにカバくんに会いに動物園に行きたくなりました。

ときこの本
13
本はわたしの友達です
ちょっと変わった友達です。
なあに？本さん読んでるのに邪魔ばっかりして
つづく

松本典子さんのこの本

ゆっくりくまさん

小さな本棚に毎月一冊ずつ増えてゆく「こどものとも」と「かがくのとも」。ひとりっ子だったので、ほんとうに「ともだち」として一緒の時を過ごしていました。幼稚園が休みの日、しんとした昼間に陽の当たる縁側で、ずっと眺めていました。時には眼を凝らし過ぎて、黒い文字が緑色に光って見えてくるくらいに。

そんなに仲良くしていたのに、引っ越しのときに急いで荷造りしてしまい、大量の段ボール箱の中で行方不明になってしまいました。『ゆっくりくまさん』も、その中の一冊でした。

一〇年ほど経ったある日、実家の屋根裏部屋で久しぶりに段ボール箱を開けたときに、再び出会いました。忙しさの中で忘れてしまっていてごめんなさいという気持ちと、また会えたうれしさが混じり合って、しばらく動けずにいました。それからはずっとすぐ届く手元に置いています。すれてまるくなってきた角、よれてきた綴じ目の質感が、その頃の記憶のかたちそのもののように思えるときもあります。

どこかぼんやりとしたまま、大人の年齢になってしまった気がします。今でも時々縦むすびになる靴ひも。すぐには出来ないのに急かされてしまうときの切なさ。なんで出来ないの、と聞かれて答えられないもどかしさ。

この先どうしていったらいいんだろうと、ためい息をつくようなとき、そっと本棚からとりだして読み返しました。くまさんは「でも、とくいなこともあるよね。木の芽や空、どうぶつたちを、じっと見ているの好きだよね」って、いつもふふ〜っとほほえんでくれているような気がしました。

ゆっくりくまさん

森比左志 さく
西巻茅子 え
（福音館書店・限定出版）

ときこの本
14
ああもっと速く行動していれば…
……そう思う時はないだろうか。
そんな時には速くページをめくればいいのさ!!
それができないからゆっくり叱られているんですが。
読書で夜更かし……
寝坊…
……でとき子さん遅刻と
つづく

三〇代で再会してから改めてじっくりと、くまさんと仲良くなれた気がします。

くまさんは、大好きなやまぶどうの実を食べるために、考えたりひらめきを待ったり、動くことをあきらめません。森のどうぶつたちに先に実を食べられてしまっても、ゆっくりおんなじはやさで歩いて行きます。ゆっくりだからこそ、出来ること、伝わることもあるんだよって、のっそりとした背中が教えてくれました。『うさぎじま』という本を数年がかりで編み上げていったときも、ずっとそばにいてくれました。

おばあさんになっても、読み返していきたいです。

三木 卓さんのこの本

わたしの庭

これは最近とても感動した写真集です。わたしたちの日々の暮らしのなかに平凡にある情景なのでしょうけれど、ページを繰っていくと、思わず嘆声が出ました。いつもは見のがしているわたしたちのまわり。でも、わたしたちは、なんと鮮烈な世界に生きていることか。

たとえば晩秋の雑木林の紅葉。葉は疲れてあちこち虫喰いの穴があいていたりするけれど、日光の透過の下で見上げてみると、じつにさまざまなニュアンスの色彩の渦。まだテントウムシが一匹とまっていますが、じきに冷たい風がやってきて、葉ごと吹きとばしてしまうかもしれない。でも生きてきたしるしを葉脈のあいだにしっかりと刻みこんだ葉たちは、なんという存在感。

丘の上のぬけるような青空に、今発達しはじめたばかりの入道雲。まっしろに輝いて力にあふれていますが、青空ともりあがっていく雲の境い目はあくまでもくっきり。こんな夏の空、子どものころたしかに見て、胸がとどろきました。

著者である今森光彦さんは、琵琶湖のほとりにアトリエを持つ、自然写真の作家。この本の「わたしの庭」というのは、そういうかれの住んでいるあたりのことでしょう。

お母さんは、毎日がいそがしくて、丁寧にまわりを眺めやる余裕はないかもしれません。でもまだ子どもでちっちゃかったころ、アリだってトンボだってコスモスだって、身近な生きものではなかったですか。

今森さんのカメラは魔法みたいだ。四季の微妙なうつり変わりのなかで、予想外の姿を現す生きものたちの風景を〈これ、どうです。おもしろいでしょ〉と差し出してくれる。カメラはいつも、

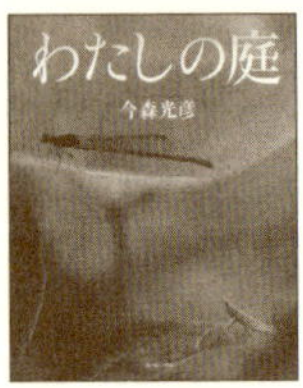

わたしの庭
今森光彦

今森光彦
（クレヨンハウス）

いちばんすばらしいところを切りとってきてくれるから、「わあ、こんなになっているのか！」と、ぼくたちは感動する。自然はほんとうに精緻（せいち）に出来ていて、すごい。

まず、お母さんが見て下さい。そしてお子さんといっしょに、お母さんが子どもだったとき見たものを思い出しながら、この写真集のページをめくって下さい。お子さんの方がもっと興味をもつかも。ぼくはこの写真集で〈地球に生まれてよかった！〉としみじみ思ったことでした。

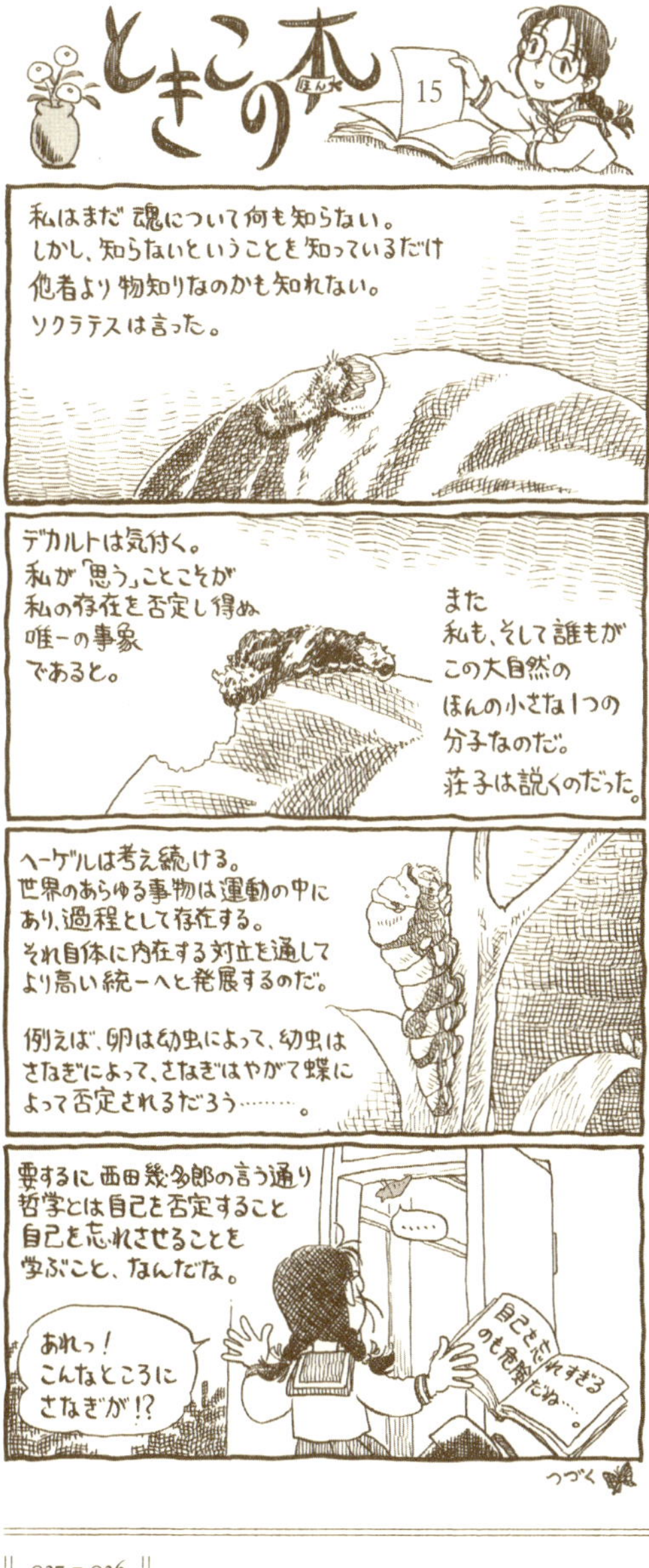

ときこの本
ほん
15
私はまだ魂について何も知らない。
しかし、知らないということを知っているだけ
他者より物知りなのかも知れない。
ソクラテスは言った。
デカルトは気付く。
私が「思う」ことこそが
私の存在を否定し得ぬ
唯一の事象
であると。
また
私も、そして誰もが
この大自然の
ほんの小さな1つの
分子なのだ。
荘子は説くのだった。
ヘーゲルは考え続ける。
世界のあらゆる事物は運動の中にあり、過程として存在する。
それ自体に内在する対立を通してより高い統一へと発展するのだ。
例えば、卵は幼虫によって、幼虫はさなぎによって、さなぎはやがて蝶によって否定されるだろう………。
要するに西田幾多郎の言う通り
哲学とは自己を否定すること
自己を忘れさせることを
学ぶこと、なんだな。
……
あれっ！
こんなところに
さなぎが!?
自己を忘れすぎるのも危険だね……。
つづく

宮下奈都さんのこの本

こんとあき

『こんとあき』を読んでいると途中で何度も胸が詰まる。ぐっとこらえて読み進めるものの、声の調子で子どもたちにも伝わるらしい。すでに結末を知っている子どもたちは、「ママ、だいじょうぶだよ、ちゃんとだいじょうぶなんだよ」となぐさめてくれるのだが、これはそんなにたやすい話ではない。あんたたちにこんの気持ちはわかるまい、と言いたくなるが大人げないので黙っている。

　きつねのこんは、最初、あきの保護者役である。まことにもって愛らしい保護者と被保護者が、ふたりで砂丘町のおばあちゃんの家を目指したことから冒険が始まる。

　おそらくは初めての旅で不安なあきに、だいじょうぶ、だいじょうぶ、とこんは繰り返す。あきを励ますために、そして何より、自分に言い聞かせるように。クライマックスでは、野犬に襲われ砂丘に埋められたこんがあきに救い出され、その腕の中で、だいじょうぶ、だいじょうぶ、とささやくシーンがある。「こん、だいじょうぶ？」「だいじょうぶ、だいじょうぶ」。それから、あきが「ほら、うみがみえるよ」というと、こんはまた「だいじょうぶ、だいじょうぶ」という。全然だいじょうぶじゃない。「おばあちゃんのうちはどこにあるの？」惑いつつもしっかりとこんをおぶったあきが聞く。こんはやはり「だいじょうぶ、だいじょうぶ」としか答えない——意識が混濁する中で、自分はだいじょうぶだからとあきを励ますこんの姿に、私は打たれる。読む声が震える。だいじょうぶ、といってもらいたいばかりの私が、だいじょうぶ、だいじょうぶ、と自分に、そして育っていく子どもたちに伝える立場になったことを、こんは身をもって教えてくれる。

こんとあき

林明子 さく
（福音館書店）

ときこの本
16
用意しよう。
よく考えよう。
頑張ろう。
はい！
ぬいぐるみ
作ったよ!!
あっ
なんか
喜んでる
モデルがいいからね。
つづく

ところで物語の中に「あげどんべんとう」なる駅弁が登場する。これがたいそうおいしそうだ。実際に売られているのだろうか。もしそうなら砂丘への旅の前にきっと買って車内で食べたい。そんなことを考えていたら、「絵本のたのしみ」*に作者の林明子さんが作り方を載せてくださった。

作って食べてみると、ほんとうにおいしい。あまから味の香ばしい揚げに炒り卵を混ぜ込んだごはん、煎り胡麻、大葉、刻み海苔。副菜は豆腐ちくわ（鳥取名産だそう）、デザートにスウィートポテトプリンがつく。感動しました。

＊「こどものとも 年少版」二〇〇一年二月号折込ふろく

安西水丸さんのこの本

もりのなか

この絵本はずっと書棚にあった。ぼくが絵本の基本と考えている、「出かけていって帰ってくる」といった流れを持っており、友人の子どもたちにもよくプレゼントしている。

特に忘れられなくなったのは、こんなことがあってからだ。

ある週刊誌に「人、死と出合う」というコラムがあり、依頼された。何度目かの父の法事のときのことを書いた。父はぼくが三歳のときに死んでいる。

父の法事の夜、ぼくは姉や親戚の人たちに囲まれ一人ビールを飲んでいた。そのとき五人もいる姉の、七歳上の一番下の姉が言った。

「お父さんを火葬した日のことをおぼえている？」

ぼくは曖昧に返事をした。

「松林のなかに火葬場があって、まだ夜も明けきっていなくて、お母さんたちと歩いていたのね。そしたらうしろから薪を積んだ大きなトラックがきて追い越していったでしょう。そのときおもったの、きっとあの薪でお父さんを火葬するんじゃないかってね」。

記憶は曖昧だったが、ぼくにもぼんやりとした風景がうかんだ。父は、その後ぼくが健康を害して長く転地療養に入る南房総（千葉県）の千倉の病院で死んだのだ。火葬場はそこから少し離れた松林のなかにあって、背後には太平洋がうねっていた。火葬場に歩いていたとき、あたりはまだ薄暗く松林の遠くの水平線だけが光っていた。トラックの記憶はぼくにはない。

姉はくどくどと当時の話をしたが、ぼくは返事をしなかった。

もりのなか

マリー・ホール・エッツ ぶん・え
まさきるりこ やく
（福音館書店）

「わたしと拾ったお父さんの骨、あれ何だとおもう?」

そんなこと知るか、と、またビールのグラスを口にはこんだ。

「あれ、お父さんのオチンチンよ」。

姉はいつもこんな馬鹿なことを言う。

それから数日後、ぼくは書棚で本をさがしているとき、ふとこの『もりのなか』に手をやった。ページを開いた。紙の帽子をかぶった少年が、ラッパを持って森のなかへ入っていく。動物たちとかくれんぼをし、やがて動物たちが消えていく。そして森のなかから彼のお父さんが現れる。胸が苦しくなった。

ときこの本
17
ある日わたしがあるいていると、
いろいろなものがついてきました。
本
ときこ
こうのとり
りす
すずめ
めじか
かつお
おばけ
けいぶほ
どうやらしりとり遊びになっていたようです。
ごめん!!
ほん
つづく

なだいなださんのこの本

ふしぎなえ／ＡＢＣの本

今から四〇年以上前のことだ。なにしろそのとき生まれた人が今や四〇過ぎだ。その頃、日本で絵本といえば、だいたいが、昔話に大きな挿絵が入ったものばかりだった。その頃に、物語もなにもない、ただ絵だけの絵本が現れた。ぼく自身のその本との出合いも忘れがたい。

ぼくはその頃、「朝日ジャーナル」で匿名記事「社会観察」を書いていたが、執筆者仲間の一人、藤枝澪子さんから、もしフランスに行くことがあったら、面白い絵本を持って帰ってねと頼まれた。彼女は福音館書店で、絵本編集の仕事をしていた。ぼくは学会で渡欧したとき一冊の絵本を彼女に持って帰った。字の一切ない、ただ絵だけの絵本だった。「藤枝さん、こういうしゃれた絵本を日本でも出してほしいね。著者はＭ・ＡＮＮＯ。イタリア人かなにかじゃないだろうか」と、得々といった。すると藤枝さんは、慎み深いこの人に珍しく大笑いした。「なださん、このＡＮＮＯという人、イタリア人じゃないの。日本人なの。安野光雅という人よ。そもそもこの絵本、うちで出したものよ。こんど安野さんに紹介してあげるわ」。こうして著者を知ったのだが、それから安野さんに会うと、いつもからかわれた。「この人、ぼくをイタリア人だと思ったんだ」。これがぼくの『ふしぎなえ』との不思議な出合いで、安野さんとの出会いでもあった。

その次に出された彼の『ＡＢＣの本』（副題・へそまがりのアルファベット）も、字のない絵本だった。といいたいが、ＡＢＣがどこかに隠れている絵の本だから、字が絵になった絵本というべきなのだろう。絵が主体の絵本。絵が挿絵でない絵本。見ていると、絵がどっちを向いているのか

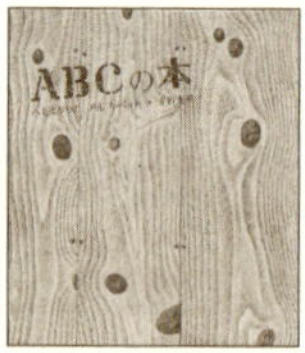
ABCの本

ふしぎなえ

安野光雅
（２冊とも福音館書店）

わからなくなってきて、逆立ちしたり、宙返りしたくなる絵本。この絵本によって、日本の絵本の歴史が変わったのではなかろうか。日本の絵本を、子どものものから八〇歳までの人々に解放し、すべての人間にかつて自分が子どもだったことを思い出させるものにしたのは、彼のこの一冊からではなかったか。

字のないことで、この本は国境を自由に越えて、世界の、子どもごころを抱いた人たちのもとへ届けられた。そして安野の名前はＡＮＮＯとして外国の子どもたちのこころにも刻まれることになったのだ。

ときこの本
18
あたり前のようで
そうでもないような
やっぱりふしぎだけど
もう慣れっこのような。
つづく

ウィスット・ポンニミットさんのこの本

スヌーピーの しあわせは… あったかい子犬

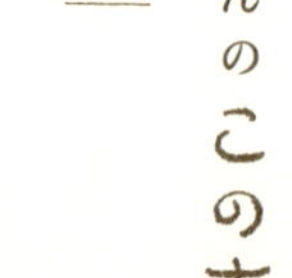
スヌーピーの
しあわせは…
あったかい子犬

チャールズ・M・シュルツ 作
谷川俊太郎 訳
（角川SSコミュニケーションズ）

今の人間の「幸せ」ってなんなんだと人にきいたら、だいたいお金、おいしいものが食べられること、有名になることばっかりで、みんな同じ目的に向かっていて、人生の道が狭くなっている感じがする。そんな狭い道の中で「うまくいかない」人は「自分は幸せじゃない」と思っちゃったり、「うまくいってる」人は「自分はほかの人より上」だと考えたり、現代の人間はなんかおかしいと思う。

この本を読んで気がついた。「幸せ」はそんなに大きいことではなくて、ただ自分の胸に隠れてるあったかい心を見つけること。毎日の小さいこと、すでにみんなが持ってることこそ「幸せ」だ。幸せがもう自分の心にあると気がついたら、よけいな「幸せ」を見つけなくてもいい。

僕は子どもの頃も、今みたいにお金をもらうとき、おいしいお菓子を食べるとき、友達と遊ぶときが幸せだったけど、「もっと欲しい」とか「なくしたくない」という気持ちがなかったから、その幸せでいっぱいだった。今大人になって、いっぱい自由もあるし、お金も仕事したらいっぱいもらえるし、いっぱい友達ができたし、おいしいものもお菓子もいくら食べてもいいのに、どうして昔の幸せと違うって感じるんだろうと考えてみたら、やっぱり「持ってるものをなくしたくない」「なくならないようにいっぱい見つけておかないといけない」と思っちゃったから、ピュアな幸せではなくなった。なくした子どもの頃の気持ちを取り戻そうとしても、それもやっぱり「持ってないものが欲しい」ということだから、一番いいのは今を満足することだと分かってきた。

満足する自分でいっぱいになったら、今度は幸せが周りの人に「あふれる」こともある。満足して、時間がとまったようなスヌーピーの世界から、いつも読むときに「幸せ」があふれてくる。

Tokiko's Favorite Book
とき
この本
19
Happiness is a warm puppy.
しあわせは あったかい子犬。
Happiness is an umbrella and a new raincoat.
しあわせは 雨がさと新しいレインコート。
Happiness is walking in the grass in your bare feet.
しあわせは はだしで草を歩くこと。
Happiness is your favorite book.
これ どういう 意味かなー 本さん わかる？
わかってる くせに…
つづく

青山南さんのこの本

アボカド・ベイビー

　もともとはアメリカ小説の翻訳をやっていたのが絵本の翻訳もやるようになったのは、ぼくの育児エッセイ集『赤んぼとしてのあたしらの人生』を読んだ絵本の編集者に、やってみませんか、とすすめられたからだ。けっして絵本好きの大人ではなかったぼくだが、子どもの相手をしているうちに絵本にたいする子どもの反応のおもしろさに興味をもちはじめてもいたころだったので、喜んでお引受けし、それ以来いままで多くの絵本の翻訳をしている。

　ジョン・バーニンガムの『アボカド・ベイビー』は、絵本の翻訳の仕事をはじめてまもないころに手がけたものだ。そのとき、上の娘は八歳、下の娘は六歳だった。バーニンガムの絵本は、以前に『いつも ちこくの おとこのこ――ジョン・パトリック・ノーマン・マクヘネシー』（あかね書房）を娘たちに読んでやったことがあり、それはぼくのお気に入りの一冊でもあったから、うれしい仕事だった。登校の途中にワニにでくわして遅刻するという途方もない設定といい、その事情をまったく理解せず、ウソだろう、と決めつけてくる恐い先生の迫力といい、罰として男の子が黒板に書かされる「もう わにの うそは つきません」という言葉の圧倒的な行列といい、『いつも ちこくの おとこのこ』はすばらしくインパクトがある。『アボカド・ベイビー』の、それに負けないインパクトに、魅了された。

　話は単純で、あまりじょうぶではない四人家族の家に赤んぼが生まれる。今度こそじょうぶな子だといいなあ、とみんなは願っていたのだが、あいにくそうではない。ろくにものを食べない。だから、元気もない。みんなで困っていると、子ど

Avocado Baby
アボカド・ベイビー
ジョン・バーニンガム作 青山南訳

ジョン・バーニンガム 作
青山南 訳
（ほるぷ出版）

ものひとりが「そこにあるアボカドをあげたら」と言った。だれも買ってきたおぼえはないのにアボカドがあったのだ。食べさせる。すると、どうだ。元気になる、どんどん元気になる、ばりばり元気になる。おにいちゃんやおねえちゃんをいじめる悪い子たちをも簡単に放り投げてしまうくらい、元気になる。

　赤んぼの丸々とした力強くて明るい顔がすごくいいし、ほんとかなあ、と首をかしげながらも、アボカドを食べてみようかな、という気持ちにさせるパワーもあって、かなりおいしい本だ。以来、わが家でもアボカドを食べるようになった。

ときこの本（ほん）
20
なし
バナナ
りんご
キウイ
ぶどう
グレープフルーツ
みかん
すきなくだもの
すもも
さくらんぼ
パイナップル
もも
トマト
いちご
すいか
くり
メロン
果物？
野菜？
論争の起こるくだもの
きいちご
いちじく
あけび
ざくろ
びわ
思い出のくだもの
かき
ぐみ
わさび
今晩の主役のくだもの
しょうゆ
アボカド
ごはん
ねぎ
ちゃぶ台
おちゃ
つづく

安野光雅さんのこの本

タシャ・テューダーの本

アメリカの作家タシャ・テューダーさんが亡くなった。うかつにもさる週刊誌の編集部の方から、何かひとことと言われてはじめて知った。二〇〇八年七月一八日のこと、九二歳だった。

わたしがアメリカを舞台にした『旅の絵本Ⅳ』を描いたのが一九八三年で、それよりも何年か前、ニューヨークの編集者アン・ベネディウスに彼女の家につれて行ってもらった（あの本の一七場面目の上に彼女が飼っていたコージー犬といるところが描いてある）。

全く絵本の世界にしかない一夜をすごしたが、彼女のような家と生活は今やアメリカ中を探してもどこにもない。食べ物も衣服もみんなアメリカ開拓時代を思わせる大自然そのもので、家からして手作りだった。絵だけ見れば質素だが、床や壁に使われている板はそれぞれ四センチ近くの厚いもので、今のアメリカにもこれほどの手作りの建物はあるまい。屋敷は広く、中には人形劇の劇場や、魚の住む池まであった。

わたしは、クリスマスの朝、次々と手紙を開けてやっとプレゼントにたどり着く絵本を考えていたものだから、子どもがタシャのあの家の中や外をぐるぐる走りまわる場面を思い、あちこちとスケッチしていた。ところが、瀬田貞二さんの『きょうはなんのひ？』（福音館書店）という同じアイデアの本が先に出たので、がっかりはしたが、そんなものだと思って潔くあきらめたことを思い出す。

「どうして絵本を描くのですか」という愚問（ある雑誌にはわたしが質問したことになっていたが、それは違う）に「それはお金がほしいからよ、そのお金で球根を買うの」と答えておられたことに、

旅の絵本 Ⅳ

安野光雅『旅の絵本Ⅳ』
（福音館書店）

ときこの本
ほん
21

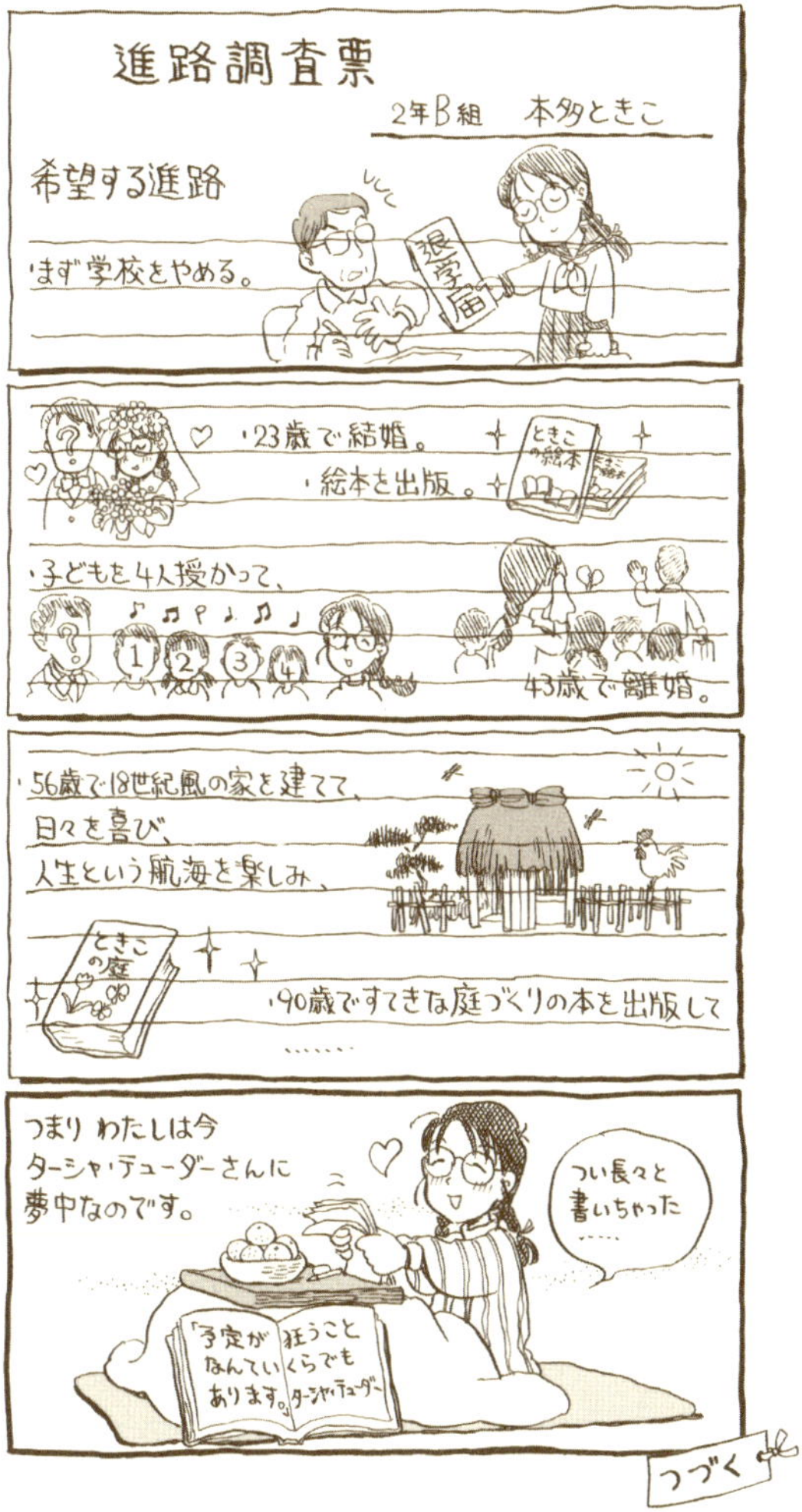
進路調査票
2年B組　本多ときこ
希望する進路
・まず学校をやめる。
退学届
・23歳で結婚。
・絵本を出版。
ときこの絵本
・子どもを4人授かって、
1
2
3
4
43歳で離婚。
・56歳で18世紀風の家を建てて、
日々を喜び、
人生という航海を楽しみ、
ときこの庭
・90歳ですてきな庭づくりの本を出版して
……
つまり わたしは今
ターシャ・テューダーさんに
夢中なのです。
つい長々と
書いちゃった
……
「予定が狂うこと
なんていくらでも
あります。」ターシャ・テューダー
つづく

賛同した。世のため子どものためだなんて、偽善的なことはわたしも言えない。

その後、ガーデニングブームで彼女は庭造りの人のように思われてきた、それも間違いではないが、むしろ自然の中に生きた最後の文明人という気がする。別れ際に「でもこのあたりは雪で困るんじゃないですか」と聞いた。彼女は「冬はすてきではありませんか、一年中働いた野山に、雪のお布団をかけて眠らせてあげてるんです」と言った。

司修さんのこの本

おばぁのものがたり

大江健三郎さんの「幼年の想像力」という随筆を読みました。ベテランの小説家の、幼年の心に届ける物語の難しさが語られていました。木下順二さんの『かにむかし』（岩波書店）という絵本で、牛の糞が登場して、蟹の味方として活躍するのですが、大江さんが娘に読んでやったとき、彼女は糞という汚いものを理解出来ないでいたらしいのです。父親の小説家は、牛の糞よりも猿がやったことの汚らしさを伝えて、納得してもらったのでした。

こんど私が作った絵本は、奄美の民話をベースにした、穀物の起源がテーマの本で「汚いもの」がともなうのです。その民話は、いつの時代にか、大和から伝わったもので、『古事記』あるいは『日本書紀』から得た話でした。そこには、米や麦や稗や粟や肉類や繭の起源が書かれていて、それらは大きな犠牲の上に立って生まれること、けしてきれいなところから生じて人の口に入るものではないことが書かれていました。

農産物は、有機農法で作られても、化学肥料で作られても、同じように美しい姿をしています。しかし、その両者を食べ比べてみると、有機農法で育った野菜の味がどんなに美味しいかはっきりします。しかし作っているところを見れば、化学肥料のほうがきれいで臭くなく、有機農法はきれいとはいえず臭いのです。食べ物って、私たちが生きるためにとても大事なものなのに、その大事さを忘れさせるぐらい食品売り場に溢れています。戦争中、お米がなくて、サツマイモに飯粒がくっついたご飯を食べました。そのころ一粒の米が嬉しくてたまらなかった思いが今も私の中にあります。

おばあのものがたり
さく・つかさおさむ
つかさおさむ さく
（偕成社）

絵本を作りはじめてから、私はこのテーマの重さに押し潰されそうになりました。またそれを短い言葉で、幼年にどう伝えられるか、私には自信がありませんでした。ある日、和紙で有名な小川町にある、金子農園へ取材に行き、人間の生活でいらなくなったものを堆肥としたり、虫を除けるために、虫が嫌う植物を野菜と隣り合わせに植えて育てた野菜たちを見せてもらいました。自然農法を学ぶ若者たちの、「生きる喜び」を表しつつ働く姿を見て、絵本を完成させる元気をもらったのでした。

ときこの本 22
昔のお酒のつくりかた
硬めに炊いたお米を口に入れ、
よ————く嚙んで、
つぼに吐き溜めます。
ペッ!
これに空気中の酵母が落ちて発酵して……
3〜4日すると お酒の出来上がり!
かんぱ〜い!!
わたしはごはんのままのほうがいいな……
お酒は20歳になってからですよ。
つづく
「口醸み酒」といいます。古事記にも出て来ます。

最果タヒさんのこの本

しろくまちゃんのほっとけーき

私はいまだに絵本を子どもの目線でしか見ることができない。裏表紙に書かれているような「子どもに知的好奇心を」だとかそういったところにてんで興味がなく、本屋の絵本フェアではちびっこと肩を並べ新作を読む。だからいまだに作者の意図まで考えが及ばず、あのお話はいったい何がしたかったのだろうなんて思うことも多い。そのため「あのとき、この本」のお話をいただいたときは、とても困惑したものだった。

　いったい何がしたかったのだろう、なんて思った一冊に、私が最も大切にしている『しろくまちゃんのほっとけーき』がある。ただしろくまちゃんが友達とほっとけーきを作るだけのお話だ。異世界の冒険でも、王子様が出てくるロマンスでもない。けれど私は高校生のころ、その本が部屋から無くなっているのに気付き泣きながら探し回ったことがある。大して読み返すこともなかったのにと、その狼狽振りに私自身びっくりした。そこまでしろくまちゃんが好きだったのだろうか？ほっとけーきが好きだったのだろうか？　いや違う。私が好きだったのはその絵本を読んでもらった記憶だった。母のひざにのって読んでもらったあの記憶が、私にとって決して手放したくない存在だったのだ。

　昔の絵本には、幼いころ与えてもらった親からの愛情が詰め込まれているように思える。自分が愛されていたんだな、元気に育て、幸せになぁれと思ってもらえていたんだなとわかるのが年を経てそれを開いたとき。アルバムなんかよりもずっと、それはリアルでわかりやすい。なぜなら幼い子どもは写真などに残る視覚的な世界ではなく、もっと深い感覚の世界で生きている。子どものこ

しろくまちゃんのほっとけーき
わかやまけん
こぐま社

わかやまけん
（こぐま社）

ろに親のひざにのせられて、読んでもらった絵本のほうが写真よりもずっとあのころを思い起こさせるのだ。

私は幼いころ毎夜母のひざにのせてもらって絵本を一冊読んでもらっていた。母の選ぶ絵本は記憶に残るあたたかさを持つものばかりだったように思える。私にとって絵本というのは、本という存在だけではなく、母からの愛情そのものだった。愛情がはっきりと形あるものとして在り続けてくれることはなんと幸せなことだろうと、今では母に感謝している。

ときこの本
ほん
23
ひぐまちゃんとことりちゃんとほっとけーき
本多ときこ
ほっとけーきをつくりましょう
せっせ
せっせ
おなかすいたなあ
もうちょっとだよ
まだかなー
行き詰まってしまった……
うーん
ときこ……絵本描くの向いてないんじゃない?
つづく

佐々木マキさんのこの本

はるですよ　ふくろうおばさん

ぼくは絵本より先に、長さんとはマンガで出会った。小学生のときに友達の家にあった雑誌に、直線を多用して、人物の手足がマッチ棒のようなスタイルのマンガが載っていて、長新太という名はそのとき憶えました。

　一九六〇年代の中頃だったか、長さんのマンガはマッチ棒から一転して、フニャリとしたジェイムズ・サーバー風になった。当時の「美術手帖」で「長新太がスタイルをがらりと変えたのは非常に勇気のあることだ」という誰か（たぶん草森紳一）のコラムを読んだ。

　ぼくは「文春漫画読本」の熱心な読者だったから、長新太のマンガにはしばしば出会っているのだが、正直言っておもしろいと思ったことは一度もなかった。一〇代のぼくは、同じ雑誌に載っている久里洋二の明快でキュートなモダニズム、井上洋介のわくわくするような不思議な世界とそれを紡ぎ出す抜群の描写力、そういったほうに心惹かれていて、長さんのマンガの渋くて控えめな表現、ソフィスティケイトされたユーモアなど、いわばオトナの味がわかるのは、まだ無理だったようです。

　ぼくは、長新太の絵としては、一九七二年版の『おしゃべりな たまごやき』が最高だと思う。イメージと技術の幸福な一致。長さん自身は幼児の描く絵を最上のものと考えていたそうだが、この絵は幼児どころかまさしくオトナの、それもプロフェッショナルの、みごとな絵です。エスプリの効いた絵とは、まさにこれを言うのでしょう。ただ絵本としては文章が多くて、次のページをめくるまでに沢山の字を読まなければならず、読者の心の運動が停滞してしまうのが難です。

はるですよ
ふくろうおばさん
長新太

長新太
（講談社）

その点『はるですよ　ふくろうおばさん』は、お話もおもしろいし、絵もすばらしい。文句のつけようのない絵本です。一九七七年版と九六年版があるけれど、どちらも原画の色とは違う。どちらかと言うと、ぼくは色が沈みがちな七七年版が、古いなじみもあって、すきです。

ときこの本
24
春ねぇ…
本さん
わたしは本が大好きです
あっ…
ときこ
春だねぇ
桜の花びらだ
春といえば
おだんごよね
それは「花より団子」という慣用句からの連想であって団子は本来春とは関係ないだろう
おだんごといえば
………いい月夜ねぇ
本さん……
本と会話していると
飽きることがありません
それは「お月見団子」からの連想なのだろうが「おぼろ月夜」は春の風物なのでまあいいか……
つづく

湯本香樹実さんのこの本

ガンピーさんのふなあそび

父が亡くなりしばらくすると、母も弟も私も、ある疑問に取りつかれてしまった。いったい父にとって、私たち家族は何だったのだろう、という何とも落ちこむ疑問に。

ゆるやかに下降してゆく闘病生活のなかで、父は一貫して強硬な姿勢を取り続けた。病を拒絶しきれないから、かわりに周囲の人間を拒絶するしかなかったのだろう。やさしい言葉は一方通行のまま、父は逝ってしまった。おまけに葬式が終わってみると、思いがけないトラブルが残されているのが判明し、とりわけ母はショックを受けた。

「こんな大事なことを言わずに死んじゃうなんて」

ぽつりと呟いて、母は洟を啜った。

落ちこんでばかりもいられない。私はトラブルを何とかすべく、毎日行ったことのないところに行っては会ったことのない種類の人たちと会った。あまりに忙しくてよけいなことを考える暇もないのが、ありがたいといえばありがたかった。

ある日、何の気なしに『ガンピーさんのふなあそび』を手に取った。バーニンガムなら、もっと好きな絵本もあったのに。

ガンピーさんが、小舟に乗って出かける。子どもたちや動物たちが、次々やってきては同乗する。楽しそうに川をくだってゆくが、だんだん喧嘩やもめごとがはじまり、ついに小舟がひっくりかえる。ぬれた体をかわかし、皆で草原を歩いて帰り、ガンピーさんの家で仲よくお茶を飲んで解散。

「じゃ、さようなら」と、ガンピーさんはいいました。

「また　いつか　のりにおいでよ」

ガンピーさんのふなあそび

ジョン・バーニンガム さく
みつよしなつや やく
（ほるぷ出版）

涙が溢れた。父が亡くなって以来、泣くのはひさしぶりだった。父の人生という小舟に、たまたま乗り合わせた一匹の動物、それが私だったのだ。それでよいのだ、という思いがやってきて、こわばっていた体がほどけてゆくようだった。それにこの面倒のかけかたは、よくも悪くも父らしかった。

またいつか乗りにおいでよ、と父は言うだろうか。かなうことなら、もう一度乗せてほしい。

ときこの本
25
笹舟に
大好きな野の花を
のせたあの頃
折り紙の舟に
宝物のどんぐりを
のせたあの頃
………
これくらいなら
乗るかな～？
なっ 何が!?
つづく

内田かずひろさんのこの本

こびとと ゆうびんやさん

　ぼくがマンガの仕事を始めて間もない頃、雑誌の取材で、作家の伴田良輔（はんだりょうすけ）さんの事務所にお邪魔したことがある。それからしばらくして、伴田良輔さんが監訳を手がけられたカレル・チャペックの『ダーシェンカ』（新潮社）が出版された。

　そんなきっかけで手に取った本だったが、その本はチャペック自身の愛犬ダーシェンカのことが写真と文章とイラストとで、ユーモアたっぷりに綴られていて、犬のマンガを描いている自分にとっては、とても興味深い本だった。そして、チャペック自身にも興味を持ち、チャペックの童話集を読んでるうちに、ハッとする作品に出会った。

「あっ、この『郵便屋さんの話』絵本で持ってた！」

　それは、ぼくがこどもの頃大好きで、何度も何度も繰り返し読んだ絵本だ。

　ぼくは、もう一度その絵本を目にしたいと探し回ったが、絵本専門店の人も知らないと言うし、チャペックの数多くの出版物が軒並み展示された展覧会でも、その絵本を目にすることはなかった。

「似たような全然別のお話だったのかも……」。

　そんな風に一度はあきらめかけたのだが、しかしその後、さらに数年が経ちぼくもパソコンを持つようになり、インターネットで、いろんな可能性から調べた結果、ようやくその絵本に辿（たど）り着くことができた。

　その絵本は実在した！

　しかしタイトルは、

『こびとと ゆうびんやさん』

に変わっていた。そして表紙には、

「●チャペック さく
えとぶん・みよし せきや」

こびととゆうびんやさん

チャペック さく
みよしせきや えとぶん
（偕成社）

とある。

どうりでなかなか見つけられなかった訳だ。

ぼくがふたたびその絵本に出会うまで、随分と時間がかかってしまったが、でもその道のりはさながら、絵本の中で、宛名のない手紙をほんのわずかな手がかりで「一ねんと一にち」かけて届けた郵便屋の「テクテクさん」と重なって、よりいっそう、愛着がわいてくるのだった。

ときこの本
26
ときこは ある日 こんな 手紙を もらった
それは とても 情熱的で
とても美しい恋文 だったのだけど
ごはんよー ときこ——
ハーイ
果たして ときこに 解読できる 日は来るの だろうか…。
つづく

石川浩司さんのこの本

メキメキえんぴつ

　正直、僕が大海赫（おおうみあかし）を知ったのはつい最近である。僕のマネージャーが子どもの頃から大ファンだというので、本を貸してもらい、たちまち魅了された。その不可思議なお話と、本人が描くちょっと不気味な絵に。聞くと、大海赫は七〇〜八〇年代頃に活躍したものの、著書がほとんど絶版になっており「幻の童話作家」と呼ばれていたらしい。しかしその独特の世界はファンも多く、復刊運動が行われ、二一世紀になってから次々と本が甦ったという。

　この本の扉に「ぼくは　こわーい　本です。」と書かれているとおり、登場する物や動物たちは擬人化されているものの、子どもの本らしいかわいいものではなく、ほとんどがシュールで怖いものとして描かれている。終わり方も一般の童話の勧善懲悪、正義は必ず勝つ、の価値観とはある意味、真逆である。救われない主人公に軽いトラウマになる子どももいるだろう。しかしだからこそ子どもたちの脳裏に深く刻み込まれ「子どもの頃読んだあの不思議な本は何だったんだろう?」と大人になってからの再読を喚起させたのかもしれない。そして社会は表裏一体だということ、かわいいものと怖いものは実は同じものだったりするのだという社会の真実には、かなり小さいときから人は気づいているのではなかろうか。だからこそ大海赫に魅かれるのではないだろうか。

　実は二〇〇八年秋、大海赫先生と一緒にイベントをやった。先生の紙芝居に僕がパーカッションや即興歌を付けたり、短い童話を僕が朗読したり。会場は二ヒル牛というへんてこな作品ばかりが並んでいるアートギャラリー（実はうちの妻がやっている店なのだが）で、狭いながらも大盛況だっ

メキメキえんぴつ

大海赫 作・絵
（ブッキング）

た。イベント終了後、妻に感想を聞いてみた。すると「今回お客さんは大人ばかりだったけれど、やはりこの世界は子どもにこそもっと知って欲しい」。そう。これは子どもが初めて「怖い＝物への畏れ」を知る機会を得られる、数少ない本なのだ。

27
ときこの本
ほん
ある日、しらない男の子が わたしにえんぴつを おしつけて にげるように 去っていった
とまれ
その夜…
せっせ せっせ…
えんぴつを かじるな!
しんをとん がらせろ!
いうことを きかないと
ばーん!!
本
しーん…
本
あっ そういえば こんなえんぴつ貰ったの どこやったっけ?
さあ? しらないなあ。
こわ～いものは あんがいそばに いるのかもよ…
つづく

堀口順子さんのこの本

みんな うんち

このあいだ顔なじみになった茶トラの猫が、建物が解体されたあとの更地にうんちをしていた。雨あがりの、まだやわらかそうな土のうえで用を足す猫は、それは気もちがよさそうにみえた。それでこちらまですがすがしくなり、するん、とこの本のことを思いだした。

幼稚園に通っていた頃、わたしは給食中に誰かが「うんち」というのをきくだけで食欲のなくなるたちで、それを口で説明できずにいつもみさわ先生やおおかみ先生を手こずらせていたのだが、この本は早く食べ終えたおなじテーブルの子などが眺めているのをみてもまあ大丈夫だった気がする。三歳下の妹はもともと本に興味の薄いたちで、それよりもおままごとや折り紙やリリアンなどに没頭するタイプだったのだが、この本は好きでときどき園から借りて帰ってきていた。

この本はうちの本棚にはなかった。よその家でも図書館でも病院の待合室でも、とにかくほうぼうにあるので買ってほしいとねだらなかったように思う。先日、新宿の紀伊國屋書店で児童書のある八階にいったときも、エレベーターを降りてすぐのコーナーで平積みになっていて、ほらやっぱりどこにでもあるじゃない、とひとり合点しながらはじめて買った。うれしかった。

かつて三年間だけ保育士をしていたのだが、あの間、何回これを読んだのだろう。大勢にむかって読むよりも、個別にねだられて読むことのほうが多く、二歳児くらいから五歳児まで、膝や腿（ふともも）のうえに坐った子の大半が「うんち！」とページを指さして笑っていたことをおぼえている。ラストの「いきものはたべるから　みんなうんちをするんだね」は唄うようなつもりで読んだ。ぱたんと

みんなうんち

五味太郎 さく
（福音館書店）

28
ときこの本
ほん
朝露にかがやく木の実
さえずる小鳥たち
おろしたてのワンピース
こんなささやかな
しあわせが重なって
いらない…
まあまあ
ウンが……つくと
そんな
気休め
いらないよ
本さん…
悲劇を生むことがたまにあります。
つづく

閉じると「もう一回!」とよくいわれた。

尾籠(びろう)なはなしだが、この文章を書くまえ、二日間ほどお通じがなくてひどかった。いらいらとして過ごし、それは気もちが悪かった。いま、とてもすっきりした身でこれを書いている。わたしも、それに九歳下の弟も、むかしから便秘をたいへんおそれているのだが、しっかり食べて、するんとだす、という爽快感をことさら求めるようになったのは、もしかするとこの本のおかげかもしれない。

長嶋康郎さんのこの本

『どんどん どんどん』

片山健さんの絵本を発見したときのことを話そうと思うと、どうしても初山滋の絵本との出会いを言わなくてはならない。

私が初めて絵本を手にしたのは小学二年の頃、トッパンの『アンデルセン童話』だった。佐藤春夫、文。初山滋、絵。父がいわゆる絵本というものをくれたのは後にも先にもこれだけだった。

子どもには少々文が長くて、私はただその絵を眺めていた。昔話の絵本のような分かりやすい絵柄ではなく、むしろ乱暴でかわいらしくもなかった。どこか陰があり妙に透明で淋しげで、見る者を一人にした。なのに、だからか、ずっと記憶に残った（らしい）。

大人になってたまたま本屋で手に取った絵本に見入った。作者を見ると片山健。片山さんの名は学生時代に横尾忠則、金子國義、宇野亜喜良、などといった人達と一緒に知っていた。血をたらして校庭にたたずむ少女、といったモチーフの印象のあった人だ。

手に取った絵本は少し違っていた。何よりそのいきおいにびっくりした。それだけではない、何故か自分が子どものときに体感した初山滋の絵本を想い出した。

このしっかりした孤独はなんなのだろう。

私が子どものとき、あれ？ 一人だ、と感じたときがあった。けれどそれは意識にのぼらない。たとえば子どもの椅子の座りごこちは子どもにしかわからないが、当の子どもは自分の身体のことについて把握し表現することを知らない。そのとき居合わせた印象を堆積するだけだ。

片山健さんの『どんどん どんどん』は、〝子どもに分かるのだろうか？〟という危惧をよそに、

片山健 さく
（文研出版）

そのときは意識されずとも、たしかな記憶を残す子がいるに違いないとそう思う。私の場合は一人ぼっちという体験であり、それが悲しいことの有り様ではないことの発見だった。そこにある一人ぼっちは、他の者たち全てにとっても同じなのだということの確信と安心によって、やさしさと力強さで満たしていくに違いない、と。

　絵本はある子にはまた別の記憶としてどんどんと引きつがれていくものだろうと、私は思う。

29
ときこの本（ほん）
どんどん
どんどん
どんどん
どんどん
どんどん
どんどん
どこへ向かっているのかというと
読書の秋に決まっているじゃないですか。
つづく

宇野亜喜良さんのこの本

栄光への大飛行

今江祥智さんのセンスの良い翻訳で、アリスとマーティン・プロヴェンセンの『栄光への大飛行』が出版された。幾度となく失敗をくり返したあと、ドーヴァー海峡を渡るフライトに成功するフランス草創期の飛行機乗りの絵本で、コールデコット賞受賞作品である。

作者のアリスとマーティン・プロヴェンセンは五〇年代にぼくが憧れたイラストレーターである。サイモン&シャスターという小型のスクエアサイズの絵本を出していた出版社が、大判のジャイアント・ゴールデンブックというのを始めて、アリスとマーティン夫妻はその中でスタークラスだった。なにしろ、一冊一冊表現スタイルが変わっていて、モダンなデザイン感覚があり、実に達者なテクニックだった。

今、手許にある三冊のうち"THE ANIMAL FAIR"だけは人にいただいたものである。知り合いの名古屋のバーのママが上京したおりにデートをして、銀座のイエナ洋書店で買ってもらったものだ。見返しに小さな字でそのことがメモしてある。魅力的な未亡人だったので、よほど嬉しかったのだろう。

そのあと、有楽町の地下の映画館で『二十四時間の情事』を二人で観た記憶がある。映画が始まってまもなく、ふと隣の男性が週刊誌を読んでいるのに気がついた。上映中なので文字の読めるような明るさではない。ほとんど顔をくっつけるようにしている奇妙な光景だった。たぶん、この男は映画のタイトルを読み違えたのだ。まず情事という文字でポルノ映画だと思ってしまった。二十四時間、つまり一日中性的事件の連続する映画と解釈して入ってみたらアラン・レネである。ポル

栄光への大飛行

アリス&マーティン・プロヴェンセン 作
今江祥智 訳
(BL出版)

ノグラフィのはずがなく、たしか広島に来たフランス女性と岡田英次の恋愛を描いた、結構に難しい映画だったから、きっと飽きてしまって先ほどまで読んでいた続きを読み始めたのだろう。ぼくはぼくで美しき未亡人の横でしどろもどろというか、落ち着かない気分で、映画の内容はあまり記憶に残っていない。

ときこの本
ほん
30
秋です！
空が高いですね。
ゴン
あたっ
星もきれいですね…。
空ばかり見てると危ないよ。
つづく

しまおまほさんのこの本

『とうさん おはなし して』

家に残る、幼い頃に読んだいくつかの絵本を開くと、当時両親と三人で暮らしていた小さなアパートの部屋を思い出します。

昼はたくさん遊んで、夜寝る前に絵本を開く。そんな生活でしたから、思い出すのはチカチカとまたたく蛍光灯の光と床に川の字に敷いた布団の感触です。

大きな窓の外は真っ暗。母は母で、父は父で、カメラをいじったり、本を開いたりしていました。わたしもひとりで本と遊びます。足下の床板は昼間の陽をまだ含んでいるような温かさでした。

家では、母が絵本を読み聞かせてくれるのは、ごくたまに……という程度。

だから、病院の待ち合い室で見かける絵本を読むお母さんが珍しい感じがしました。小さな声で周りに遠慮しながらボソボソと発するあのか細い声を聞いた日は家に帰ってもそれがまだ耳の奥に残っていました。

『とうさん おはなし して』は父が初めてわたしにくれた誕生日プレゼントです。

それまで、絵本をプレゼントしてくれるのはきまって母方の祖父でした。

『おおきなかぶ』『しろいうさぎとくろいうさぎ』『まりーちゃんとひつじ』『てぶくろ』……。学生の頃、仲間と人形劇団をたちあげた祖父がくれた絵本たちは、祖父の中にある乙女心を現しているようにも感じました。

『とうさん おはなし して』は、そんな祖父が選ぶものとはタイプの違う、ちょっと風変わりな絵本でした。ブカブカのサスペンダーをチューインガムでささえたり、賽銭（さいせん）が当たって痛がる井戸の中に枕を放り込んだり、ボロボロになった足を新

とうさん
おはなし
して

アーノルド・ローベル 作
三木卓 訳
（文化出版局）

しい足にとりかえたり。おとぎの国とはまた違う、ユーモラスな世界に引き込まれました。

「ジジイ！（わたしは父をこう呼んでいました）読んで！」

同じ本を、何度も父に読ませました。ねずみ年の父がプレゼントしてくれたねずみのお話。父からもらった絵本はこの一冊だけですが、それでも充分でした。

絵本を通して、祖父からは男の人の中にあるメルヘンチックな気持ちを、父からはユーモアを教わったような気がします。

ときこの本
31
「あっ 本さん
こんにちは」
「ねずみさん
こんにちは」
本
「本さん おはなし
してよ」
ねずみたちが言いました。
「よし、ひとりにひとつずつ おはなし してあげよう」
それから半年がたちました。
「本さん おはなし
してよ」
「よし、ひとりにひとつずつ おはなしして
あげよう」
それから1年がたちました。
「本さん おはなし
してよ」
「ねずみ算とはよくいったものだな……」
本さんは思いました。
つづく

小林里々子さんのこの本

かいじゅうたちのいるところ

小学四年生の春だった。みんなはどんな本を読むの？　と担任になったばかりの若い太った教員が発言し、すぐに自答した。

「絵本はもう卒業してるよね」

彼女の手にあったのは『かいじゅうたちのいるところ』。私は突風に吹かれた気持ちで呆然と教壇の上の顔を見た。でもお構いなしにそれは伏せられ、小学四年生にふさわしい本が同じ口から紹介されていく。あのときの一言一句を、表情を、身振り手振りを、私は鮮やかに覚えているけれど、きっと彼女は目を見開く私のことは少しも覚えていないだろう。そのひと言で、出会ったばかりの彼女を大嫌いになったのも、きっと知らない。

だって卒業は、終わらせることだ。しかもたいてい、なにかを学んで、用済みにして。

もちろん一冊一冊の絵本には終わりがある。かいじゅうたちのいるところに一ねんと一にちの航海の後に辿りついたマックスはかいじゅうたちのおうさまになる。マックスのために夜も昼も続くかいじゅうおどり。私も毛や鱗（うろこ）に覆われた黄色い目のかいじゅうたちと奇妙なステップを踏んだ。見開いた本いっぱいになって踊るかいじゅう。次のページも。次の次もかいじゅうは踊っている。でもその次では？　どうしてか、かいじゅうの動きは止まってしまう。止めたのはマックスだ。彼は帰るつもりなのだ。追いすがるかいじゅうたちと私の手を振り切ってマックスは行ってしまう。私は残りたいのに、マックスについていくしかなくて、ああ、ほら、ここは、ひとりきりの、私の部屋だ！

この通り、終わりはとても寂しくて絶望的だ。でも、かわりに物語という名の世界をひとつ、増

かいじゅうたちのいるところ
モーリス・センダック さく　じんぐうてるお やく

モーリス・センダック さく
じんぐうてるお やく
（冨山房）

やしてくれる。私は私の部屋からまた別の世界に航海に出ることができる。物語は連結されて、終わらない。だけど「卒業」は、物語を忘れることだ。かいじゅうたちは学ぶべきなにかに変えられて（たとえば想像力は大事です、とか！）用無しになる。

卒業なんか絶対しません、あのとき言えなかったことを後悔しながら二〇年、私はいまでもかいじゅうたちと踊っている。私だけのおどりを。大嫌いな彼女にも、彼女だけのおどりがきっとあったのに、それが失われてしまったのはとても悲しい。

ときこの本
ほん
32
「かいじゅう」。
光線がでる。
つの
とげとげの背中。
火。
するどいつめ。
太いしっぽ。
かたいうろこ。
巨大な体
本
うガー
ときこは怪獣を
フフフ 本当の 知らないね……。
「怪獣」
怪しい獣。
うん、うん
怪しい 怪しい。
ときこー!! 助けてくれー
つづく

山川直人さんのこの本

みんなの世界

日本で最初の本格的な連続テレビアニメと言われる『鉄腕アトム』の放映が始まったのが一九六三年。その前年に生まれた私は、気がつくとテレビの前に座っていて、『アトム』や『鉄人28号』に夢中だった。

幼稚園に通うようになって、先生が絵本を読んでくれた。自分でも読むようにすすめられた。無頓着だった両親も、あわてて絵本を買い与えるようになった。

だが、ときすでに遅く、私の頭の中はアニメや『ウルトラマン』でいっぱいだった。先生や親が読ませたがる絵本は、どれも陳腐で、いい子ちゃんで、お勉強の臭いがした。

そんなとき、幼稚園の友達が「すごい本を見つけた」と、ナイショ話をするように教えてくれた絵本が『みんなの世界』だ。

まるい顔に棒のような手足、落書きのような線画にもうしわけ程度の色がついている。あまり絵のうまくない人が、しかも急いで描いたような絵だと思った。

でも、この本には何か、何かがある。すごくたいせつなことが書いてある。ぼくたちの仲間が、親も先生も頼りにならない、そんなときのために書き残してくれた本かもしれない。ドキドキしながら最後のページまでめくって、すべての絵を見て、本棚に戻した。

どうしてこんな本が、幼稚園にあるのだろう。これを読んだことはナイショだ。

作者のマンロー・リーフは、もともとは教育者、編集者で、描いた絵をプロの絵描きたちに面白がられたことから、自分でも絵を描くようになったということだ。

みんなの世界

マンロー・リーフ 文・絵
光吉夏弥 訳
（岩波書店）

ときこの本
ほん
33

民主主義の基本を子どもたちに伝える『みんなの世界』は、この世界でひとりで生きることはできない、いろいろな職業の人たちに支えられていると説き、選挙制度や納税のことまで描かれているのだが……。

幼稚園児の私が読んで理解したとは思えない。

いま手元にあるこの本は、高校生のときに思い出して買ったもの。そのときも文章は最後までは読まなかったが、やはり絵が魅力的だった。

もっとはやくに、ちゃんと読んでおけば、いまよりはずっと頼りがいのある大人に、なれていたのかもしれない。

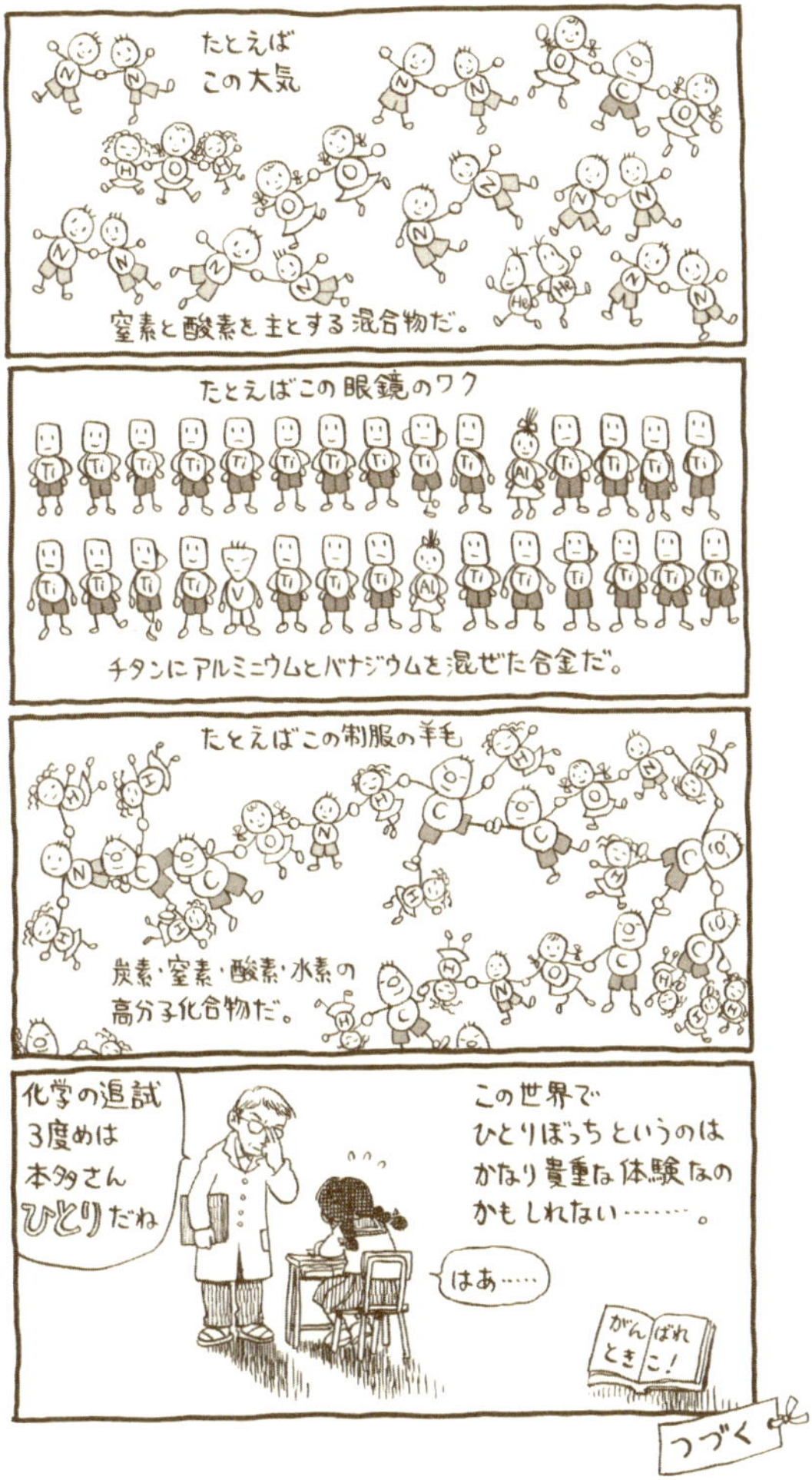
たとえば
この大気
窒素と酸素を主とする混合物だ。
たとえばこの眼鏡のワク
チタンにアルミニウムとバナジウムを混ぜた合金だ。
たとえばこの制服の羊毛
炭素・窒素・酸素・水素の
高分子化合物だ。
化学の追試
3度めは
本多さん
ひとりだね
この世界で
ひとりぼっちというのは
かなり貴重な体験なの
かもしれない……。
はあ……
がんばれ
ときこ!
つづく

稲葉真弓さんのこの本

ちいさいおうち

どうしてこんなに暗いのか、といつも思っていた。

　私が生まれた愛知県の「おうち」は、昔ながらの「おおきなおうち」。田の字の和室がいくつも続き、建具は重たい雨戸と障子だけだ。ぬれ縁のある南側の部屋だけは明るいけれど、ひとつ部屋を移動すると、そこはひんやりとした影の世界。

　私の勉強部屋にも、たくさんの影たちが暮らしていた。

　だから、いつも夢見ていた。光がさんさんと入る大きな窓、白いレースのカーテンもほしい。台所には、バターのにおいのするお菓子がどっさり。それにそれに、固いお布団じゃない、やわらかなベッドがいいな。

　当時の私は、押し入れの上段に布団を敷き、上にきれいな花柄のカバーをかけて寝ていたけれど、ちょっと視線をずらせば埃(ほこり)を吸った北窓があり、外は泥色の田んぼばかり。

　けれども、どんなおうちが理想なのか、自分ではよく分からなかった。ただひとつだけ分かっているのは、「こんなに暗くておおきなおうちはイヤ！」ということ。

　素敵に可愛い「おうち」に出会ったのは何年もあとのこと。それが絵本の『ちいさいおうち』だ。野原とひなぎくの花に囲まれて、赤い壁に赤い煙突、窓は理想にぴったりで、明るく外に向かって開かれていた。ゆるやかな丘の上で、「ちいさいおうち」はいつかここにおいでとでもいうように、私をそっと誘っていた。

　少しずつ、読んでいくうちに悲しくなった。開発によってひなぎくの野原はなくなり、緑の丘は馬車や自動車に乗っ取られていく。そのうち周囲

ちいさいおうち

バージニア・リー・バートン 文・絵
石井桃子 訳
（岩波書店）

ときこの本
ほん
34

建築學
本日発売
このちいさい本屋さんは
いつの時代も誰かに
ちいさい発見を与えてきました。
見て!!
この絵本
130円だって!!
昭和29年
発行だって!!
今日のは
大きな発見でした。
掘り出し
物だね!!!
つづく

※ちなみに「ちいさいおうち」初版本はタテ書き、右とじでしたよ!

にビルが建ち、「ちいさいおうち」は影たちに囲まれていく。どきどきしてページをくった。でも、最後はうれしかった。だってまた、「ちいさいおうち」は昔のように野原に帰ることができたのだから。

東京でマンション暮らしをしているいまも、ときどき「ちいさいおうち」のことを考える。あの赤い壁と赤い煙突。そして白いひなぎくの丘のことを。まだほんとうには出会っていない私の「ちいさいおうち」。どこかにきっとあるはずの「ちいさいおうち」。生き延びていてねと、つい呟いてしまう。

アーサー・ビナードさんのこの本

こぶとり

ぼくが初めて入手した日本語の絵本は『こぶとり』だった。

来日当初から住んでいた池袋のアパートのそばに、家具でも電化製品でも、ほとんどなんでも拾える充実したゴミ集積所があった。部屋の椅子や電気スタンドなどそこから調達して、でっかいモノクロテレビだってもらってきた。しばらくその画面で教育番組、バラエティ、ニュースも楽しみながら日本語を学び、のちにはカラーテレビが捨ててあったので、取り替えてグレードアップまでできた。また、あるときゴミ集積所に本が山ほど捨てられ、その中から「むかしむかし絵本シリーズ」一八冊目の『こぶとり』をちょうだいした。

それより前に、日本語の絵本をあれこれ読んではいた。すぐ近所に池袋図書館があって、二階の児童書コーナーの小さい椅子に腰かけて『さるかに』とか『かちかち山』とか、辞書を引き引き味わった。ただ、図書館ではまだ『こぶとり』に遭遇せず、ゴミの取り持つ縁だった。

部屋に持ち帰ってさっそくひもとき、強烈に主人公のじっさまに感情移入した。それも両方のじっさまに。こぶをとられたほうと、くっつけられたほうと、ストーリーの順番に従って。

まず前者が、天狗たちの唄と踊りに魅了され、たまらなくおもしろくなり、飛び入りでパーティーに参加する。すっかり天狗どもと仲間になってしまうじっさまの姿に、日本人の言語と生活とに、なんとか「飛び入り参加」しようとしていた新参者の自分を、無意識のうちに投影した。「こぶとりじっさま」は、ぼくにとって憧れの対象だった。

二人目の「こぶくっつけられじっさま」は、うまく「天狗語」が話せず、唄も踊りもダメだ。そ

こぶとり

大川悦生 文
大田耕士 絵
（ポプラ社）

ときこの本
35

んな順応できないところが、日本語の失敗が多かった自分と重なり、彼の心境もぴたっときたのだ。いま読み返すと、日本語の入り口に立っていた二三歳のときに戻り、なんだかちょっと恥ずかしい。きっとじっさまになっても、『こぶとり』のページをめくればタイムスリップできるだろう。自分が「こぶくっつけられ」のほうへ、近づいていなければいいのだが。

あるところに
お年頃の娘が
おりました。
今夜はお城
の舞踏会。
娘もおしゃれして行って
みることにしました。
お城では
すてきな王子様と
楽しい時を過ごし、
やがて別れの時が
きました。
王子様は言いました。
「これは明日まで
預っておくからね。
絶対おいでよ!!」
「王子様には会いたいけど
こぶは返して欲しく
ないし…」
大いに悩む娘なのでした。
つづく

恩田陸さんのこの本

ぺにろいやるの　おにたいじ

　このエッセイを書くにあたり、子供の頃に「こどものとも」で読んだこの絵本を選んだら、なんという偶然か、この原稿を書く半年ほど前に初めて単行本化されたのだそうだ。『おじいさんがかぶを うえました・月刊絵本「こどものとも」五〇年のあゆみ』（福音館書店）のリストによると、この翻訳絵本は「再話」となっている。つまり、昔からある話を脚色したらしいのだが、単行本のクレジットを見るに、ジョーダンはアメリカ人。しかし、絵本の内容といい登場人物の名前といい、どうも話はヨーロッパ風。アメリカに移民してきた人々のあいだに伝わる話なのかもしれない。

　不思議な話である。とある国の王様の城のそばに恐ろしい鬼が棲む城があり、人々は日々おびやかされ、征伐（せいばつ）に行った王子は馬ごと小さくされてしまう。そこで、お城の奉公人の子供であるぺにろいやるが凧（たこ）と太鼓を持ってお城に行くと、遊び道具しか持っていない子供を脅（おど）かすわけにもいかず、鬼は子供と遊ぶことにする。「立派なお城ですね」と誉める子供に見られるのが恥ずかしくて、鬼が人間の骨を入れた箱を小さくすると、中身は綺麗な麦わらに変わり、その麦わらで夢中になって遊んでいるうちに鬼も小さな子供になってしまい、お城もどんどん縮んで小さなテントになってしまう。

　子供心にも不思議な感じがしたのだが、特に、鬼が大きな鬼のお面に羊の皮を掛けて隠そうとする場面と、色とりどりの麦わらで遊んでいる場面が強い印象を残している。

　ジョーダンは生物学者であるのと同時に教育家であり、平和運動にも従事していた、という経歴を読むと、この話、かなり意味深である。「北風

ぺにろいやるの
おにたいじ

ジョーダン 文
吉田甲子太郎 訳
山中春雄 画
（福音館書店）

と太陽」の変形に思えてくるし、現在、世界で「ならず者」と呼ばれている幾つかの国を巡る周囲の態度や、それらの国自身が取る態度のことを連想してしまうのだ。原型はどういう話だったのか、彼はどのように話をアレンジしたのか。大人になった今、ぜひ双方を読み比べてみたいと思うのである。

ときこの本
ほん
36
わたくしは本
読む者の
時間と心を奪い
感情を思うままに
あやつり
最後には必ず平伏させる……
ぐぅ。
ときこちゃん
いつもその本
持ってるね
うん！
もう友達って
感じかなー
これは これで
悪い気はしない
つづく

今江祥智さんのこの本

「しばてん」

あのとき——といってももう五〇年ばかり前のことだが、和田誠さんからいただいた二本の電話は忘れ難い。初めのは、私家版の絵本をつくりたいんだけど、童話を書いてくれませんか——というもの。喜んで書いたのが『ちょうちょむすび』という瀟洒な一冊につくられた。次のは「会ってほしい人がいるんだけどさ」。

聞けば、多摩美大を出たばかりの田島征三さんだという。卒業制作に絵本をつくったんだけど、それが面白いの。そちらへ行ってもらっていい?

はいどうぞ、と答えた私は、その頃日本リーダーズ・ダイジェスト社で働いていて、月刊「ディズニーの国」の編集をしていた。日本の子どもが読むんだからディズニーばかりでは～と、手塚治虫さんに連載漫画をお願いし、福永武彦さんに長篇童話を書いてもらい、長新太さんに絵をつけてもらったりしていた。

田島さんが差し出した『しばてん』を見て、驚いたのなんのって。土着的で思いきったデフォルメで力強く描かれた、土佐の怪物しばてんの姿ときたら!

絵本からいまにも躍り出さんばかりの見幕で、そのバイタリティに圧倒された。

私はその絵本をもって、これぞという人に見せてまわった。今にして思えば、田島さんの絵本はずいぶんと時代を先取りしていたものだった。それでも、『ふるやのもり』を描かせてくれた福音館の松居直さん、『しばてん』市販版や『ふきまんぶく』を出してくれた偕成社や、連作『やぎのしずか』を出してくれた文化出版局の編集者たちのあと押しもあって、田島さんは絵本づくりの海へ船出していったのだった。

しばてん

田島征三 文と絵
(偕成社)

ときこの本
37
妖怪「ぬらりひょん」
……
おじいさんに似た妖怪で、勝手にひとの家に上がり込んではくつろいでいるという。
ちなみにこれは「ぬらりひょん」ではありません。
おじいさんでもありません。
ときこや うちに本を 忘れとったで
あっありがとう ひいおばあちゃん!
つづく

『ちからたろう』は私と田島さんの〝共作〟の一冊だった（六七年）が、田島さんとの仕事は長篇『ひげがあろうが なかろうが』の挿絵（〇八年）に至るまで、ずっと続いている。

思えば、あのときあの一冊を見せてもらってこのかたの〝おつきあい〟になっている……。

鴻池朋子（こうのともこ）さんのこの本

ハリス・バーディックの謎

　空には今年初めての入道雲がむくむくと生まれている。アメリカのシアトルという港町で、本屋と図書館を何軒も巡り歩いていた。あれでもないこれでもないと絵本の背表紙をものすごい速さで出したり引っ込めたり。後に描く『みみお』という絵本のための準備をしていた頃である。私は小さい頃から本を読むのが苦手で、絵本といっても文字は読まず絵ばかり好きで眺めていた。私にとって絵本はそういう特別な存在だったので、何百冊見たって、ぱっと絵を見れば一瞬でその本の全てがわかってしまうようになった。

　しばらくして日本に戻り、購入してきた数十冊の絵本をひもとく。中でも本当に確信を持ったのは三冊だけ。他は何かは良いが何かは違っていた。さてその三冊、目の前に並べてあっと驚いた。全てがクリス・ヴァン・オールズバーグという人が描いたものだった。英語版の原書で画風もテーマも各々違うのでまったく気付かなかったのだ。これが出会いだった。

　本の中に「七月の奇妙な日」というページがある。子どもが二人、湖に向かって石を投げている。誰かが遠くからファインダーを通して見つめているような光だ。この世ではないところからの光。そして短く「彼は石を投げた　でも三つ目の石は戻って来た」という謎めいた英文、いやこれは呪文だ。見ていたら、絵↓呪文↓私↓え↓じゅもん↓わたし、と、三者間を何かが巡り始める。高速でバターが溶けるように、脳みそがぐるぐる回転し始める。何かとは想像力という見えない力だ。確かに絵を見ていたのだが、その絵を通り越し深層部へ入ってゆく。絵とは、もとい、見るとは何であるか。宇宙のすべてが解（わか）ったような体感。と

C.V. オールズバーグ 絵と文
村上春樹 訳
（河出書房新社）

同時に絵本を読んでいる子どもなら、みんなあたりまえにやっていることなんだろうなとも思った。長い間、一匹の動物だった私に、新たな言葉が授けられたような瞬間。それは奇しくも初夏を迎えたシアトルの、七月の奇妙な日の出来事だったのである。

ときこの本
ほん
38
彼は石を投げた
でも
三つ目の石は
戻って来た
今のは!?
何が起こったの!?
ふつうのヒットだよ
ワー
つづく

古川タクさんのこの本

ぬすまれた月

大学生だったころ、世に初めてイラストレーションという言葉を紹介した河原淳（かわはらじゅん）さんにおっかなびっくりで絵を見てもらった。そこで知ったのがポニーブックスのシリーズである。

メンバーがすごい。ボクが買ったのはシリーズ企画者の河原淳『ちびっこ探偵団』、漫画界の大御所横山隆一がTVアニメの原案として描いた『宇宙少年トンダー』、童画タッチのピンクとブルーが鮮烈だった久里洋二『ブルンブルンおくつ』、マッチ棒のような直線漫画から一変してアッと驚かせた長新太『ベタベタブンブンおおさわぎ』、黒い漫画から華やかなパノラマ絵に変わった、イラストレーターとして一世風靡（ふうび）する前の真鍋博『星をたべた馬』、そしてすでに煙草のピースの広告やキヤノンのTVコマーシャルや、私家版の『21頭の象』などで画学生たちの憧れの人だった和田誠『ぬすまれた月』の六冊である。この文を書くために本棚を懸命に探したのだが、どういうわけか『ぬすまれた月』と『ブルンブルンおくつ』の二冊がどうしてもみつからない。

『ぬすまれた月』は幸い二〇〇六年にリニューアル版が出ていて、ひさしぶりに再会できた。昔の線画、インク着色版とちがって、新たに描かれたアクリル画で、多少印象は違ったけど、これはボクの方がどうしても当時の想い出がらみで時代の空気ごと感情移入して見てしまうせいですね。ポール・グリモー監督のアニメーション映画『王と鳥』よりも、元になった同監督の昔の作品『やぶにらみの暴君』の方に肩入れしてしまうのと同じかな？

『ぬすまれた月』をはじめ、このポニーブックスの六冊は当時のボクを大いに刺激してくれて、現

ぬすまれた月
和田 誠

和田誠 作・絵
（岩崎書店
ポニーブックス版も同社）

在に至っています。それにしても和田さんがあとがきに書いておられる通り、冷戦時代のこの物語がちっとも古くならないのは困ったものです。

ときこの本
ほん
39
近頃
この公園では
いろんな
ものが盗まれ
ているらしい
野外音楽会
けどみんな
気にしない
わあ
にぎやかな
巣..!
つづく

『ぬすまれた月』あとがきより抜粋

「物語を作ったのはアメリカとソ連の冷戦時代。宇宙計画も米ソが競い合っていました。そういう状況がお話に反映しています。冷戦は過去のものになったけれど、今なお世界のあちこちで戦争や危険な状態が続いています。本が復活するのは嬉しいことですが、この物語が古くなっていないとすれば、困ったことでもあるのです。」

南伸坊さんのこの本

かえるとカレーライス

長（ちょう）さんの絵はいいなあ。長さんの絵はたいがいとっても気持ちいい。ひろびろしていて、いい景色。

空とか、草が生えた地面とか、空の色とかずっと見ててもあきない。

ほんとの空とか、地面とかも、こんなにいい景色だったらあきないと思うけど、長さんのは絵なのに、ずーっと見ててもあきないのはどうしてか？

というと、それは長さんが、空とか、地面とかをあきないように工夫して描いているからだ。長さんはとっても絵がうまい。

長さんの絵を「小学生が描いたみたいな絵だ」と思っている人がいるかもしれないが、だから、カンタンに描けると思うとぜんぜん違う。

とにかく、長さんの絵はてんさいてきにうまいので、なかなかマネできない。ぼくは、長さんの絵のマネがしたいけどできません。

そういうわけだから、長さんの絵本は、いちどスジのとおり読んでしまったら、こんどは一まい一まいの絵を、じっくり味わうといいとぼくは思います。

それから、長さんの絵本のスジは、とってもたのしくて、おもしろい。かわいいし、おもわずびっくりしたり、おどろいたり、え〜〜ッ？　とか思っているうちにどんどん、ものがたりの世界に入っていきます。

やまからカレーライスがふんかするのは、ほんとかいな？　と思うけど、もし、ほんとなら、おもしろい。

カレーはおいしいから、たいていの人はカレーが好きだ。

かえるとカレーライス

長新太 さく
（福音館書店）

ときこの本
40
すい〜
とん
とん
ぐつぐつ
ことり
いただきまーす
ぺろり
ぽっ!
ほたるが出たって知った時はびっくりしたなあ
コレが光ってるって兄さんが言ってたから
そうだっけ…
つづく

「晩ごはんなーに?」

「カレーだよー」

となったら、たいがいの人はわーいとよろこぶ。だからカエルがカレーを食べるのに、みんな賛成だ。知らない間に賛成してる。

カレーを食べたカエルはカレカレカレカレーと鳴く。

カレカレカレーっていうカエルの声がきこえて、空にはキレイな月が出ているのだった。

この絵本を見た人はカレーを食べる時に思い出し、カエルの鳴くのを聴いて思い出し、月が出ているのを見て、思い出すでしょう。

志村貴子さんのこの本

いやだ いやだ

実はこの本を読んだのはごく最近で、一月か二月か、今年（二〇一〇年）に入って間もなくのことであるのは確かです。

作者のせなけいこさんの代表作といえば、やはり『ねないこ だれだ』になるのでしょうか。これは私も子供のころに読みました。

はやく寝ないとおばけがやって来ておまえのことを連れてっちゃうぞ、という夜遅くまで起きている子供を寝かしつけるにはもってこいの内容です。私は親が寝たあとに起き出して家中を徘徊する子供でしたが……。

「おばけに　なって　とんでいけ」のフレーズで終わるこの作品は、かわいい貼り絵とポーンと放り出される不安感のようなものが子供心にも引っかかります。

それから随分経ったあと、近所の絵本専門店を時折覗くことがありました。今はもう引っ越してしまいましたが、今年久しぶりにその店へ行き、今後なかなか訪れる機会はないだろうと、何か一冊でも買って帰ることにしました。そのとき出会ったのが『いやだ いやだ』です。

わがままいっぱいのルルちゃんはなんにでも「いやだ」と言う女の子。きかんぼうのルルちゃんに「それなら　かあさんも　いやだって　いうわ」とお母さんが発してからの展開がとにかくかっこいいのです。

私は四人兄妹の末っ子で目一杯わがままに育ちましたが、母の言い放つ「それなら　かあさんも　いやだって　いうわ」が本当に恐怖でした。そんなにわがまま言うならお母さん知らないよ。ポーンと放り出される不安は日頃甘やかされている分、効果が絶大です。私は大抵泣いて許しを請うので

いやだいやだ

せなけいこ さく・え
（福音館書店）

すが、ルルちゃんもそうしたのでしょうか。この作品の素敵なところは「ルルちゃんは　どうするの？」と終わることです。

大きくなったルルちゃんであるところの私は未だに人を困らせ迷惑ばかりかけている悪い大人で、「それなら　わたしも　いやだって　いうわ」と突き放されては反省する、の繰り返しです。やはり、子供のころに読んでおくべきだったかな。

ときこの本
ほん
41
いやだいやだ
言っている子は
いやいやだ
やだ
かわいい！
おそろしいことに
いやーねえ
やめてよ
そのまま
成長しても
本多さんは本の虫ね…
あら いやだ
お互い様かしら！
あっ先生！
こんにちは
それなりに
やってゆけたりします。
つづく

中島京子さんのこの本

どろぼう がっこう

子供に絵本を読み聞かせることができるのは、ほんの一時期だ。目を輝かせて絵本に興じていた姪と甥はあっという間に大きくなって、字の多い本を読んでくれと言うようになった。それはそれでいいのだが、いまや目を離すとDSに夢中だ。

二年ほど前に、軽井沢の絵本美術館を訪ね、ミュージアムショップで『どろぼう がっこう』を見つけた。ロングセラーだけれども私は読んだことがなかった。ちょうどこの本が出た七〇年代の半ばは、私自身の「絵本卒業」時期にあたり、オンタイムで楽しむことがなかったせいだろう。かこさとし先生の数々の傑作に対する敬愛の念もさることながら、表紙とタイトルだけでもう、絶対おもしろいと確信した。店を出るなり、子供たちは「読んで、読んで」とせがんだ。

何を教えるときも、歌舞伎風の大げさな見得（みえ）を切らずにいられない校長の「くまさかとらえもんせんせい」（だいいち、このネーミングセンスはほんとうに偉大だと思う）と「げんき」で「かわいい」生徒たちは、たいへんコワイ風貌の持ち主である。「よくはげめ　よくねむれ」と貼り紙のある教室で、師弟は真剣そのものだ。生徒たちは「はーい。」「へーい。」「ほーい。」「わかりやしたー。」と礼儀正しくお返事をし、下校に際しては「くまさかせんせい、ごめんなせー。」と挨拶をする。姪と甥はこれが気に入って、しばらく「さようなら」のかわりに「ごめんなせー」を使っていた。

「くまさかせんせい」が六方を踏みながら引率する「えんそく」の、「ぬきあし　さしあし　しのびあし」の歌は、もちろんメロディを作って歌うべきである。ここで手を抜くと姪と甥はぶうぶう

どろぼう がっこう

かこさとし 絵と文
（偕成社）

文句を言った。「くまさかせんせい」のように手足を大きく動かし、ダンスまがいも披露すると、真似して大喜びしたものだ。

『どろぼう がっこう』は、読み聞かせの王様級の絵本だ。絵も、言葉も、音楽も（ダンスも？）楽しめる。子供たちがどんなにこの本を愛したかを思い出すと、いまでも幸福感に包まれる。小さい子供を持っている友人を見ると、「読んで聞かせるのはいまのうちよ」と、『どろぼう がっこう』をプレゼントしたくなる。

ときこの本 42
ああ 宿題が 終わらない…… いっそ学校が なくなれば いいのに……
ときこ、こんな不思議な話を知っているか？
① 学校泥棒
あるところに どろぼうの集団が おりました。
ぬき足 さし足 だぞ
オウ！
② この どろぼう達は
オウ！
今日は あれだな
③ あちこちの学校を盗んでは
そっちは 重くないか？
オウ！
④ 熱心に勉強に はげむのでした…。
それはこの公式を あてはめてだな
オウ！
次は 大学だな
オウ!!
……
……
せっせ
せっせ
⑤ そして この話を 聞いた者は必ず勉強を始めてしまう という……。
つづく

甲斐みのりさんのこの本

からすの パンやさん

くいしんぼうな子どもだった。まだ字が読めない頃は、母が台所の棚に並べていたお菓子やお弁当づくりの本を持ち出しては、お皿やバスケットに愛らしく盛りつけられた食べものの写真をうっとりと眺めていた。当然、好む絵本も、なにかしら食べものが登場するもの。ドロップ、スパゲティ、おだんご、カステラ、プリン、コロッケ。お腹がすくと絵本を開き、そこに描かれているものを食べた気になって、空腹をしのいだのは一度きりの話ではない。

　中でも繰り返し読んだり眺めたりしていたのが、『からすの パンやさん』。いずみがもりでパン屋を営むお父さんとお母さんの間に生まれた、四羽の赤ちゃん。オモチちゃん、レモンちゃん、リンゴちゃん、チョコちゃん。いかにもおいしそうな名前の子どもたちを育てるのはとても大変で、お店は散らかりパンは焦げ、客足は減るばかり。それから家族で団結して、夢のあるかわった形のパンを焼き、大評判に。

　うさぎパン、テレビパン、だるまパン、てんぐパン……。私が暮らす町のパン屋さんでは見たこともない、なんとも楽し気なパンでぎっしり埋め尽くされたページが特別にお気に入り。動物やフルーツや日用品そっくりのパンの絵に薄紙を重ねて鉛筆でなぞったり、名前を暗記したり、画用紙いっぱい新たなパンを発明するほどの愛読のしよう。それから、おでかけのときはカラスのお父さんがパン売場のしるしに森に立てた風車(かざぐるま)を見つけようと、車の窓からじっと目を凝らし、木々と空の間を見つめたことも。

　あるとき、私が大事に抱えた絵本を覗き込んだ祖母が、パン生地のかわりに白玉粉を用意してく

からすの
パンやさん

加古里子 絵と文
（偕成社）

れたことがある。粉を練って、すきな形にまるめていいよと言って。カラス一家がつくるパンを再現したつもりだったけれど、茹であがった白玉のほとんどは、なんの形に似せているのかさっぱり分からない。それでも、「これはチューリップかな」などと不格好な完成品を、大事そうに一緒に食べてくれた祖母は先日、天国へ召されていった。祖母とのかけがえのない時間までもが潜む、私の大好きな絵本の思い出。

ときミこの本
43
よーくこねて
形を作って
そして、焼いて…！
ハシボソガラス
ミヤマガラスだろうか…
ハシブトガラス
ワタリガラスかな？
ホシガラスだね！
すごい!! いろんなカラスよく作ったね!!
それカラスじゃない…こげただけ…
つづく

ミシシッピさんのこの本

三びきのやぎの　がらがらどん

　車を買ったばかりの頃、高知まで行ったことがある。とにかく嬉しくて遠乗りしたかったのだ。ご存じの方はご存じの通り、高知道はものすごい山岳地帯を切って伸びている。ぼくは、ご存じじゃなかった。道路のすぐわきが切り立った崖で、はるか下方に野生むきだしなかんじで見えている清流は四万十川かな？　こわかった。運転していて何度も車が川に引き寄せられるようなヘンな気持ちになった。川を越え、山を抜けることがどんなにたいへんなことなのか、現代人ながらに実感できた経験だった。

『三びきのやぎの　がらがらどん』は、川を越え、山へと抜ける話だ。タイトル通り、三びきのやぎの名前はぜんぶ、がらがらどん。可笑しい。なんで同じ名前なのかぜんぜん分からない。そもそも、三びきの関係性が分からない。そんなことはおかまいなしに物語はグイグイ進む。この話は、とにかくまっすぐグイグイ進むのが取り柄だと思う。絵も、太い描線でぐいぐい、少々乱暴かつ楽しげなかんじで描かれていて素敵だ。物語のグルーヴと絵のグルーヴがぴったり合っている。見事に。舞台はほぼ吊り橋のみ、川を渡る、という行為だけが三びき分、繰り返される。たったそれだけで物語が成り立っている。成り立つんかいな、と思うけど、これが何度読んでも楽しいから不思議。

　川に待ち構える恐ろしいトロル（岩の怪物というかんじ、ムーミントロールとはだいぶ違います）との対決が一応の見せ場だが、拍子抜けするほどあっさりとやぎたちは正面突破する。トロルに、俺の橋をがたぴしさせるやつは誰だ、と訊かれた大やぎは歌舞伎の大見得よろしく、二ページ見開きをまるごと使って名乗りを上げるのだ。

三びきのやぎの
がらがらどん

マーシャ・ブラウン 絵
せたていじ 訳
（福音館書店）

「おれだ！　おおきい　やぎの　がらがらどんだ！」この痛快さ。なんどでも、待ってました！と言いたくなる名場面。ドライで、直球で、明るい。感傷も教訓も何にも無い。こんな強いフォルムを持った物語、よく創るなあ、と思ったらやはり民話だそうだ。それにしても、がらがらどん、って名訳、原語ではなんて言うんでしょうね？

ときこの本
ほ
ん
44
ぼくは 小さいやぎです。
「こどものとも0.1.2.」が
お気に入り。
ぼくは中くらいのやぎです。
「こどものとも」は
実にいい…。
おれは
大きいやぎだ！
うんと歯ごたえ
のある本を
求めているぞ!!
あのやぎずーっと
こっち見てるよ！
行ってみよう!!
めっそうもない
つづく

林 明子さんのこの本

2ひきのわるいねずみの　おはなし

　これは小さくて、宝物のような絵本です。ねずみたちの絵があまりにも可愛くて、見るたびに胸がきゅん！　となります。舞台は、こども部屋に置いてある人形の家です。住人である動かない人形たち、ルシンダとジェインがユーモアたっぷりに紹介されます。

　人形たちは外に連れ出され、小さな壁の穴からねずみが顔を出します。命ある2ひきのねずみは、黒いビーズのような目で外を窺(うかが)い、鼻をひくひくさせ、ひげを震わせているのが見えるほど生き生き描かれています。静の世界と動の世界の絶妙な組合わせが見事です。ねずみから見た人形の家は魅力いっぱい！　夫婦のねずみ、トム・サムとハンカ・マンカは盛大にいたずらをしたあと、ふと、生活を思い出し、家財道具をせっせと運び出しました。

　私も軽井沢で、ひめねずみの一家と同居していた事がありました。頭がよくて、とても真面目な働き者たちでした。ある日、私は棚の隅に人形たちがたくさん折り重なるように集まっているのを見つけました。低くて長い棚におもちゃがずらっと並んでいたのですが、その中の小さな人形ばかりが壁際の隅に移動していました。外側には骸骨(がいこつ)人形が五人、まるで衛兵のように並んでいました。どうしてこんな事が？　と思いながら人形たちをどけていくと、最後にアヒルの形をした石鹸が出て来ました。アヒルはかなりかじられていたので、ねずみが冬場の大事な食糧を隠したのだと解りました。

　さて、絵本の中では、すっかり荒らされた人形の家に住人が帰って来ました。ルシンダはこしをおろして、目をまるくしました。ジェインはより

2ひきのわるいねずみの
おはなし

ビアトリクス・ポター 作・絵
いしいももこ 訳
（福音館書店）

かかって、にっこりしました。「でもふたりとも
べつに　いけんは　のべませんでした。」この人
形らしい振舞いに私はいつも笑ってしまいます。
次のページでは「ゆりかごとルシンダのふくは、
ハンカ・マンカにもっていかれてしまいました。」
ということばに添えて、うっとりするほど愛らし
い絵が描かれています。全編でことばと絵が、微
妙に音色をずらしながら和音を奏でています。

ときこの本
45
ねずみの夫婦はとっても仲良し
この夫婦とは たまにこうして遊んでいるが……
ねずみのとも
何、その本 気になるんだけど!!?
あれー？
本さんどこへ
行ったのかな？
つづく

岡田 淳さんのこの本

ヤマダさんの庭

絵本や物語、マンガなどをかきながら、小学校で図工の先生をしていました。定年退職まであと四ヵ月というある朝、夢を見ました。絵本を見ている夢です。『○○さんの庭』という題名で、見たのは一場面だけ、男のひとが白い翼をつけて、緑のなかを飛んでいました。

目覚めて、そんな本があるかどうか妻に尋ねると、「ルラルさん」ならあるけれど、白い翼で飛んだりしない、といいます。そこで、そういう絵本をつくろうと思ったのです。

白い翼をつけて飛びまわるような庭なら、ほかにどんなことがおこるだろう、それにどんなひとが庭を飛びまわりたいだろう……。スケッチブックにすこしずつ描いていくと、だんだん形になってきました。

主人公はヤマダさん、おじさんです。何もすることがなく、ぼんやりと暮していたのですが、あるとき自分の庭を発見します。庭があることなんてすっかり忘れていたのです。庭を歩いてみると、さまざまなひとや場面に出会います。人魚、おさななじみ、魔女、ライオン、そしてあの白い翼にも……。

はじめからそう思っていたわけではありませんが、庭で出会うひとや場面やものは、昔ヤマダさんが好きだった本の登場人物や、友達、夢だと、描いているうちに気づきました。忘れていたけれど、なくなってはいなかった、眠っていたのです。ヤマダさんはそれらに出会って、することが見つかります。

定年退職後につくった本で、ヤマダさんはおじさんですから、そういうひとむけだと思われるかもしれませんが、じつは子どもの頃のヤマダさん

ヤマダさんの庭
岡田 淳
岡田淳 作
（BL出版）

の物語です。

子どもの頃に大好きだった絵本や物語、友達、夢、そういうものは、ずっとぼくたちの人生を支え、応援し続けてくれると思うのです。

夢から生まれた、子どもの頃の自分と「夢」に再会する物語です。

筆者註——文中「ルラルさん」とあるのは、いとうひろしさんの『ルラルさんのにわ』（ポプラ社）です。

ときこの本
46
そうだった
そうだった
その時
ときこさんは
思い出したのです
そうだった
…………？
そうだった！
そして、また
ときこさんは
思い出したのです
…………
…そうだった
そうだった……
…………
そういうわけで
ときこさんは
思うのでした
うろ覚えだから
補習を受けることに
なるんですよ
そうです
全くそうです
がんばれ
……。
つづく

岡崎武志さんのこの本

アラスカたんけん記

うちは地下室つきの二階建て一軒家なのだが、どこもかしこも本だらけだ。知人が訪ねてきたとき、ためいきをついて「まるで本箱のなかに住んでるみたいだな」と言った。

階段には絵本もけっこう横積みにされていて、そのなかで目立つのが「たくさんのふしぎ」シリーズだ。いま中三になる娘が小学校へ上がるぐらいまでに、よく絵本を買い与えて、ご相伴（しょうばん）にあずかるかたちで父親のぼくもよく読んだ。絵本が、大人が読んでもおもしろいものだと、そのとき初めて気づいた。

沼田元氣『ぼくは盆栽』、岩瀬成子・文／植田正治・写真『かくれんぼ』、宮脇俊三・文／黒岩保美・絵『スイス鉄道ものがたり』、佐々木マキ『南極の スコット大佐とシャクルトン』、岡谷公二・文／山根秀信・絵『シュヴァル 夢の宮殿をたてた郵便配達夫』、今森光彦『好奇心の部屋 デロール』など、お気に入りを挙げていけばきりがない。宮脇・黒岩コンビの『御殿場線ものがたり』は、絵本を持って、わざわざ御殿場線に乗りに行ったぐらいだ。

そんななかで、星野道夫の『森へ』と『アラスカたんけん記』は「たくさんのふしぎ傑作集」としてハードカバーになったものをわざわざ買いなおしたほど好きな絵本だ。とくに『アラスカたんけん記』は、星野がアラスカの自然や野生動物を撮影し、文章に書くようになったきっかけについて書かれてある。星野道夫入門の役割も果たしている名著だ。

早春の山の斜面で遊んでいるクマの親子、崩れ落ちて海になだれ込む氷河、雪の荒野を一列に歩くカリブーたち、それに空一面のオーロラ……人

アラスカたんけん記
たくさんのふしぎ傑作集
星野道夫 文・写真
（福音館書店）

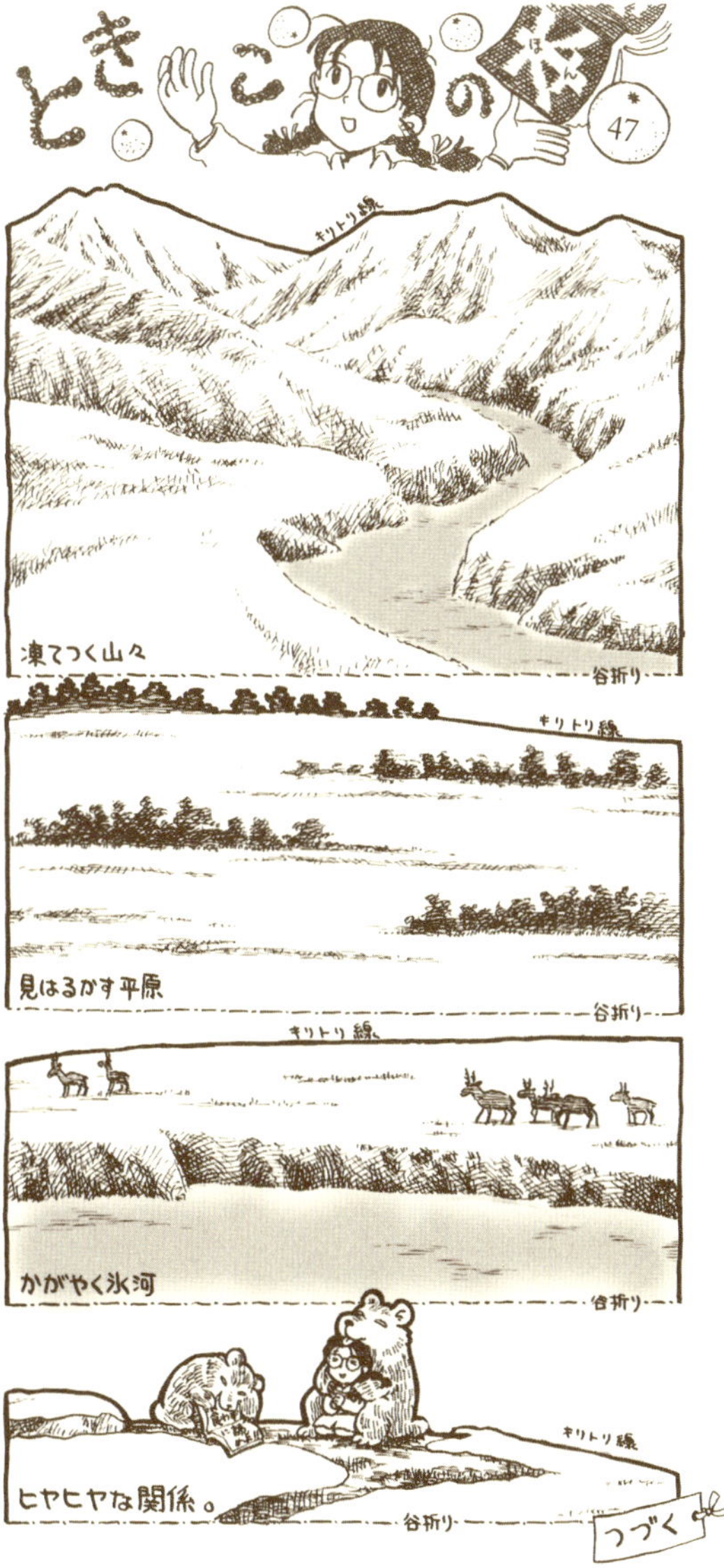
ときこの本
47
キリトリ線
凍てつく山々
谷折り
キリトリ線
見はるかす平原
谷折り
キリトリ線
かがやく氷河
谷折り
キリトリ線
ヒヤヒヤな関係。
谷折り
つづく

を寄せ付けない峻烈（しゅんれつ）な風景のなかに、何ひとつ見逃さない星野の目が光る。安全であったかい空調の効いた部屋で、水割りなんかを飲みながら、それを広げて、星になった星野のことを思うのだ。いつでも、すぐに星野の世界をわしづかみにできるのは、絵本だからできることなのだ。

井上荒野さんのこの本

スザンナのお人形　ビロードうさぎ

表題作の「スザンナのお人形」、もう一編の「ビロードうさぎ」ともに、「おもちゃ」がモチーフになっている。

悪戯して花瓶を壊してしまったスザンナ。強情を張り「ごめんなさい」を言わなかったために、両親によって、持っているおもちゃを競売にかけられてしまう。お客は、親戚の子どもたち。脅かしや「ごっこ」ではなく本当に競売がはじまってしまう――しかも売り手として親戚のおじさんが登場する――ところがおそろしく、そしてそれ以上に、次々に登場するおもちゃの魅力に心奪われた。「髪の毛は縮れていて、目には青いエナメルが塗ってあって、手足が動くようになっている人形」とか「大きな耳のついた象」とか「本当の羊の毛でできていて、動けるように車がついていて、おまけにメーメー鳴くこともできる羊」とか。中でも私がいちばんほしかったのは（競い合って競り落とそうとする子どもたちと同じく）、「本当に乳をしぼれる牝牛の人形」だった。

ごめんなさいを言いさえすれば、競売は中止してもらえる。しかしスザンナは、言えない。最後、隠しておいたボロボロの人形、「ジョゼフィン」まで売られそうになってはじめて、泣きながら降参する。どんなに高価な、めずらしいおもちゃよりも、スザンナにとってジョゼフィンは大切なものだったからだ。

「ビロードうさぎ」は、ある少年に大切にされたぬいぐるみのうさぎの物語。少年は猩紅熱にかかり、快復するが、ずっとベッドの中で一緒だったうさぎは衛生のために焼却されることになる。すると不思議が起こって、うさぎは本物のうさぎになり、森の中へ駆けていく。少年がどんなにうさ

スザンナのお人形
ビロードうさぎ

マージェリー・ビアンコ 文
石井桃子 訳
高野三三男 絵
（岩波書店）

ぎを大切にしていたか、うさぎがどんなに少年を好きだったか、子どもの心にも強く伝わってきた。どちらの物語も一見、教訓的でありながら、あらわされていたのは子どもたちとおもちゃの間の「愛」であったのだと思う。だからこそ大好きな一冊だったし、今でも覚えているのだろう。

ときこの本
48
大切な人がいる。
大切な物がある。
大切な人にも大切なものがある。なんてすてきなんだろうね!!
…何が言いたいのかって?
つづく

中脇初枝さんのこの本

ぐりとぐら

小説しか書いたことのなかったわたしに、おさないひとの読むものを書いてみないかと話があったのは、はじめての子どもをみごもっていたときでした。その話をしにやってきたひとは、『ぐりとぐら』を持ってきてくれました。家に本がなく、共働きの両親はいつも忙しく、絵本を読まないままに大人になってしまったわたしは、その本を知りませんでした。読んでみても、そのよさに気づくことができませんでした。

やがて生まれてきた子どもには、わたしが自分の親にしてほしかったこと——子守歌をうたったり、昔話をしたり、絵本を読んだりしてやりました。子どもは、歌も昔話も絵本も、まるごとのみこんでいきました。なかでも『ぐりとぐら』がだいすきで、字が読めないのに、いつも声に出して「読んで」といいました。彼と一緒に読むうちに、わたしも、ぐりとぐらのかしこさ、カステラのおいしさ、みんなで食べるうれしさに気づくことができました。

やがて、妹ができた彼。彼が望んだわけでもないのに、親の愛情を分けあわねばならず、もめるようになりました。また、幼稚園に通うことを拒み、友達や先生に手を出すようにもなりました。ところが、園の先生方は彼の育ちを待ち、彼のいいところをみつけては、いつもほめてくれました。その中のひとつに、『ぐりとぐら』の絵本を暗記していることがありました。数多くのまだできないことではなく、ひとつでもできることをみつけて、成長を見守る目の大切さを、わたしは教えられたのです。

彼はゆっくりと成長していきました。友達となかよく遊べるようになり、幼稚園に喜んで通うよ

ぐりとぐら

なかがわりえこ さく
おおむらゆりこ え
（福音館書店）

うになります。そしてある日、いたずらざかりの妹に、『ぐりとぐら』のはじめのページをやぶられてしまうのですが、許すことができたのです。

この春、中学生になった彼。『ぐりとぐら』は、やぶれたページはそのままに、本棚のすみっこに並んでいます。

ときこの本
49
あっ!
ときこがおやつも食べずに勉強している!!?
型はこれでよし。
成長したものだ…感慨深いなあ…
あとは たまご ×432個
小麦粉 ×11kg 砂糖 ×16.2kg
……
うっとり…
つづく

伊藤比呂美さんのこの本

『きつねとねずみ』

この本は、いつなんどきでも安心して読める本でした。親が元気なときも、疲れていても、子どもが眠くても、親が眠くても。

お話は単純明快で、ことばは選びぬかれ、絵はリアルでそして温かい。

ビアンキは、自然をテーマに民話の手法やリズムを使って子どもの文学をつくろうとしたんだと思います。内田莉莎子(りさこ)さんの日本語は、七五調の混じりこんだリズムで、古い民話の世界と新しい昭和の現実を調和させてました。

ところで。なぜこの二匹は男ことばをしゃべっているのだろう。「おい、ねずみ」だし、「じめんを　ほったのさ」だし。原文読めませんからこれは訳文からの推測です。

ロシア語には性別があります。ロシア語の絵本のなかには、それがくっきり反映されてるのもあります。ちなみに、きつねは女性名詞でねずみは男性名詞だそうで。しかし雌雄が協力して子育てするというきつねはともかく、雄ねずみが子連れなんてことはあってたまるか。

日本語訳の初版は一九五九年。その当時、絵本で、従来の性差を壊すのはたぶん時期尚早だったんです。でも、家庭の中に性差を封じこめるのもいやだったんです。ならばいっそ、動物たちの現実も、性差も家庭の中の役割も無視して、ロシア語のきまりも無視して、男ことばの会話で、ニュートラルにさせちゃおう。自然や科学はともかくとして、民話としての架空の会話を思いっきり楽しもう。……ビアンキの意図か、訳者の苦心か、わかりません。でもとろとろに眠たかった育児の日々、こんなことを考えながら、子どもたちとふとんのなかで、この絵本を読んでおりました。

きつねとねずみ

ビアンキ さく
内田莉莎子 やく
山田三郎 え
(福音館書店)

内田莉莎子さんに、わたしは、ポーランドでも日本でもお世話になりっぱなしでした。亡くなって時間がたった今、こうしてひさしぶりに読み返してみると、すみずみまで莉莎子先生（と呼んでました）の息づかいが感じられ、なつかしいなんてことばでは言い足りず、思わず胸があつくなりました。

ときこの本
50
相手にこだわるねずみ
式にこだわるきつね
そんな話題に全くついてゆけない人間……
そんな知り合いの結婚披露宴
つづく

藤枝リュウジさんのこの本

しごとをとりかえたおやじさん

僕の周りには山崎英介さんの絵がいっぱいある。仕事場にもある。自宅にもある。彼の約四〇年間の作品たちだ。ペン画、毛筆画、色鉛筆画、油彩画などなど……。

作品たちの表現手段は異なっても、モチーフに喰らいついて描く彼の尋常でない熱はいつも同じだ。その命懸けの迫力に圧倒される。英介さんの絵については、とてもとても語りつくすことはできないが……。あっ！　主題は彼の絵本『しごとをとりかえたおやじさん』でした。画家山崎英介さんは、人並み外れたサービス精神のイラストレーターでもあります。ご本人によく似た主人公を囲む脇役たちの多彩なこと。牛、犬、猫、アヒル、ブタ、皆表情豊かで生き生きたのしい。これほど無理なく脇役たちを描ききる、その天性のサービス精神、羨（うらや）ましい限りだ。

そういえば彼のニューヨーク時代、そのアトリエを訪ねた。高い天井からロープが垂れておりその先に籠（かご）、中には毛布に包まれた赤ん坊（彼の二男）。「こうして、泣いたら籠を足で蹴ってあやすんだよ」と、彼は絵筆を休ませぬための算段を嬉しそうに説明してくれた。この本のクリームをかきまぜるおやじさん、当時の英介さんの姿がもろにかぶります。

英介さんにはこの絵本のおやじさんのように、真剣になればなるほどユーモラスになる一面がある。マスクしたまま痰（たん）を吐いてしまったり、友だちに走り寄ってウィンドウに激突とか、奥さまの写真を撮るアングルを探しながら自分が崖下に転落して怪我してしまったり、何度聞いても笑ってしまう話題に事欠かない。何度見ても面白い彼の絵本は、そんなご本人の巧まざるユーモア精神か

しごとをとりかえたおやじさん

山越一夫 再話
山崎英介 画
（福音館書店）

ら生まれるのかもしれない。もっともっと絵本作家でも、あってください。

ときこの本
51
生クリームを
密閉容器に入れて
きょうはあの道を通らなきゃいけないのか…ユウウツだなァ
私がついてるぞ がんばれ! ときこ
生クリーム
がたがた
ぶるぶる
よくまぜて
さらに よくまぜると
どたばた
キャーー
じたばた
バターが出来上がります!
あーゆうべはこわかったー
ときこ… ほんとは ちょっと 楽しんでるよね?
つづく

岩岡ヒサエさんのこの本

『こねこの ねる』

両親が働いていたため一人遊びをすることが多かった子どものころ、よく眺めていた絵本がありました。

自宅の玄関に古くて怪しげな本棚がありまして、中には薄茶色の本が沢山並んでいました。シミがあったり背表紙の端がめくれ上がったりしている本。子どものころの自分には何か怖い雰囲気の本たちです（後で分かるのですが、これはカバーを外した文庫本でした）。その中に紛れて鮮やかな色を放っていた本が、『こねこの ねる』でした。

この『こねこの ねる』。私はちょっと怖くて寂しい本だと思っていました。確かねこの「ねる」がごはんに出た魚を見て悲しくて泣く本だったようなと。ところが三〇年振りにこの本を開いてみると内容が全く違うのです。

「いんであんに なりたい」と涙を流す「ねる」。どうしたら〝いんであん〟になれるのか？ 色々ないきものに教えてもらって〝いんであんのいるくに〟に辿（たど）り着くというお話。私が覚えていたラストは怖い国に「ねる」が連れて行かれてしまうというものでしたがこれも全く違い、本当はお家に送ってもらえるハッピーエンド。記憶とあまりに違いすぎて読みながら笑ってしまいました。

今ページをめくってみると全く忘れていたことまで思い出されます。午後の静かな時間に本棚の前でしゃがみこんで読みふけっていたこと。「ああ、このおはなを可愛いと思ったな」「このとりも」「おさるはホットケーキみたいな色で美味しそうだと思った気がする」などなど、本の細かいところまで楽しんでいたことを。

子どもだったころ、なぜ何度も飽きることなくこの本を眺めていたのか。それは多分少ない色数

こねこの ねる

ディック・ブルーナ ぶん・え
いしいももこ やく
（福音館書店）

やシンプルな絵で色んなことを想像させてくれたからじゃないかなと思っています。内容を全く違う風に覚えていたのには申し訳ない気持ちになりましたが、色んな気持ちを与えてくれたこの本は私にとって、とても思い出深い絵本です。

ときこの本
52
さて、
最近私が
憧れているのは
だんぜん
だ。
高い所でも
悠然としているのが
特に
すばらしい。
あっ!!
!
落ち着け
落ちつけ。
こんな時にも
あわてず騒がず
すたっ!
ぐるん
本
つづく

堂島孝平さんのこの本

『よあけ』

僕は絵本を集めている。まだまだ数は少ない。家には大きな本棚が二つあって、ゆくゆくはそれらを好きな絵本で埋めつくしてみたい。すると、また本棚が増えて、増えて、増えて、いつしか壁一面に絵本がズラリと並ぶだろう。僕はそれらを眺めながら、これはお菓子の家ならぬ絵本の家だ！　とかなんとか言って、きっと素敵じゃないかと思うのである。

子供の頃から絵本が好きなので、数が増えていくことはとても楽しいのだけれど、一冊一冊に子供の頃のようにワクワクできるかというと実際は難しい。それはおそらく現在の楽しみ方が「集める」ということだからでもあるし、単に発想力や想像力がすでに「大人版」になってしまったからでもあり、そこに寂しくもなる。絵本を読むことにおいて、子供のように新しく感動することはなかなかできない。個人的にはそう認識しているけれど、たまにそれを大きく揺さぶって瑞々（みずみず）しく飛び越えてくれる絵本と出会うことがある。だから、なおさら感動する。僕の最近で言えば、それが『よあけ』なのだ。

ユリー・シュルヴィッツ作のこの『よあけ』は、タイトルの通り、夜が更けてから朝を迎えるその瞬間までを描いた作品。静けさをとことん描いたこの絵本に、その美しさに、僕はいたく感動した。ページをめくると少しずつ時が移り変わり、ただただ音もなく朝を待つ景色と叙景に優れた文が並ぶ。淡々としているところがとてもクールで、ゆったりとしたジャズが似合ってしまうようなそんな味わいの一冊である。

派手さはないので、子供向けとは言ってもちょっとは大人にならないと理解しにくいかもしれな

よあけ

ユリー・シュルヴィッツ 作・画
瀬田貞二 訳
（福音館書店）

い。でも、大人になってからはずっと楽しめるのではないかと思う。それは、言葉がまるで少ないこの絵本は、余計なものが何かを教え続けてくれるからだ。余計に大人になってしまった分を余計だと気づかせてくれる絵本なのである。それが分かった時、一夜にして僕の大切な絵本になったのだ。

ときこの本
53
つぶたつおとも、やがてしずまる。
かわりに もやを、しろくくゆらす。
もやは、ゆらめいては かさなり、
みなもにうすくかげをつくる。
しかくくきりとった よぞらのかなた、
つきが いくえにも、つらなる。
たくあんが つながってるぞ
それ わたしが 切ったんだ ……
そんな 朝食の風景。
つづく

祖父江慎さんのこの本

やっぱり おおかみ

中学生のころは、本がきらいだった。友だちが「この本、すごくおもしろいから読んでみて！」なんて貸してくれちゃったりすると、その日から地獄の日々が続く。字を読むのが苦手で、文字を追っても文字の形ばかりが眼に入ってきて内容はけっして頭に入ってこない。なので、一ページめを繰り返しみつめるばかりで前に進めない。ついつい俳句を味わうかのように一行ずつ頭の中で復唱するばかりだ。どうやっても進めない。なので、「どうだった？」って聞かれるのがこわくて、貸してくれた友人と目が合わないようにと、ドキドキでした。

　そんなふうだったので、ぼくは中学生になっても絵本が好きだった。絵本なら文字よりも絵で内容がわかるし文章も短めなので、ちゃ〜んと中身も味わって最後までたどりつける。

　でも正直、その内容は、中学生にとってはちょっとたいくつで、おとぎ話や昔話はいいとしても、新しい作品は「よいこのため」だったり「おともだちとなかよくしましょう」とかっていうものばかりだったのだ。なので、そんなころに出会ったささきまきさんの絵本『やっぱり おおかみ』は衝撃だった。

　教訓もないし道徳でもない。そして、文字が少ない。ひとりぼっちのおおかみが、自分に「にたこ」を探すんだけど、どこにもみつからない。最後のほうに気球が出てくるんだけど、それに乗って別の世界に旅立つってことでもなく、そこにとどまったままでお話は終わってしまうのだ。主人公のおおかみは、正義の味方でも悪者でもないし、事件だって特にはおこらない。ただ、おおかみの気持ちだけが少し変わっていく。……そんな不思

やっぱりおおかみ

ささきまき さく・え
（福音館書店）

議な絵本なのだ。

　そのころは、いろんなことがうまくいかなかった時期だったんだけれど、なんだか「信頼できる不良のおにいさん」にやっと出会えた感じがした。うまくいかなくても、まわりと馴染むことができなくても、このままでも大丈夫かも！　って。

　ぼくは、たまたま中学生だったんだけれども、小学校や保育園・幼稚園の時期にこの絵本に触れたこどもは、どんな感想をもつのかはわからない。でも、きっと「信頼できる馴染みの不良のおにいさん」みたいな存在になるんじゃないかな。

　そしてなにより絵も色も、とっても美しいんです。

ときこの本
54
ときこよ
これがわたくしの
故郷だ
この世界に わたくしの仲間は あふれているけれど
わたくしと似た者は
ひとりだって
いないのだ
うん……
仲間があふれて
いるところが
ね…………
どうだ!?
すごいだろう
つづく

白石ちえこさんのこの本

アナボコえほん

絵本をひらくと、ぽっかり雲が浮かんでよく晴れた商店街の青空に、突然まるいアナボコがあいて、どばーっとどしゃぶりの雨がふってくる。ハイヒールのお姉さんはすべって転ぶし、サラリーマンは急いで逃げる。電車のゆかにアナボコあけば、女も男もみんな必死につりかわにぶらさがる。屋根にアナボコあいてると、むりやりお月さんが入ってくる……。

　ページをめくるたび、あなどれない穴たちの連続です。いつもと同じ暮らしの中に、突然アナボコが出現するだけで、とんでもなく自由で不思議な井上洋介ワールドが現れます。テンポのいい言葉のリズムにのって、あたりまえの風景が次々に姿をかえていく光景は、危ない手品ショーを見ているようでハラハラしてしまいます。

　また、背景を眺めてみると、煙突のある小さな町工場や電信柱やお店、電車や車が行き交う橋や道路など、人の暮らしが手に取るように見える、ぬくもりのある町の風景がたくさん描かれていてほっとします。そこに流れている時間もどこかのどかで、絵本の中をゆったり散歩していく気分になるのです。

　以前、ある出版社でアルバイトしていた頃、井上さんのご自宅に原稿をいただきに行ったことがありました。そこで鎌倉に変わったお祭りがあることを教えていただき、出かけてみました。面掛行列というお祭りで、通りに現れたのは、赤い鳥天狗、身重のおかめ、鼻の長い異国の人、緑のひょっとこといった、この世のものとは思われない異形の面の行列でした。どこか突拍子もない井上さんの絵本の中での出来事が、今目の前の鎌倉の町に出現していたのです。時として日常の町にも

アナボコえほん

井上洋介 えとぶん
（フレーベル館）

アナボコがあいていて、白昼夢のような世界に連れて行かれるのです。

以来、私は井上さんのマジックのような、自在に夢と現（うつつ）を行き来する世界のトリコになってしまったようです。そしていつしか、そんなアナボコが私の中にまで侵入してきて、身も心も軽くて風通しのいい状態にしてくれているのです。

ときこの本 55
本の世界では
こんな状態を
「穴があく」
というのです。
キャーやめて
出番なくなっちゃうよー!!
※ちなみにこちらは「干される」といいます。
福音館さんのご厚意でつづく…。

高野文子さんのこの本

写真でみる　農耕と畜産の歴史

「『知』のビジュアル百科」という本があります。マンガの下調べをしに、図書館へ行って見つけました。厚さは一センチで、ちょっと見は、絵本です。五〇冊出ています。

　わたしがよく開くのは「衣服の歴史図鑑」、「世界の建物事典」、「農耕と畜産の歴史」の三冊です。

　こどものころ、先生の話をちゃんと聞いておかなかったので今ごろ困り、教科書風の背文字を見ると手が伸びます。今からじゃ間に合わないでしょうと言われそうですが、みなさん、わたしにはこの本、間に合いましたよ。

　写真と絵が多くて解りやすい。今日もまた借りてきたので、「農耕と畜産の歴史」を、開いてみますね。

　昔から人々は動物の力を借りてきた、というページがあって、ウシ、ウマ、ブタ。ヒツジにニワトリ、ヒヨコに卵と、写真が並んでいます。ブタ。子ブタの兄弟がほおずりしている。かわいいなあ。ウシ。おっぱい飲んでいるところ。ポーズがすてき。見入ってしまいます。少しページを進めますね。

　スキは古代の人々にとって大きな発明だった、と説明があります。木のスキ、鉄のスキ。それに車輪をつけモーターをのせ、ついには、耕うん機になりました。二ページにまたがった耕うん機の写真があります。お金のある農民ならだれもがみなほしがった。うん、わかるわ。機械の写真は、前横、真上からも撮ってあり、動く様子が想像つきます。こんなふうな、本なんですよ。

　絵本の読み聞かせがブームのようです。でも、おはなしの絵本が苦手な人もいると思うのだ。じつは、このわたしが、そうです。

写真でみる
『知』のビジュアル百科
農耕と畜産の歴史

ネッド・ハリー
日本語版監修　中村武久
河野友宏
（あすなろ書房）

どこかにいるわたしと同じかた、この歴史図鑑
はいかがですか？
これをひざの上に置いて、写真を指さしながら

あれこれおしゃべりしたら、じゅうぶん、楽しい
と思うんだけどな。

ときこの本
ほん
56
プラウ
plow
くわ
鍬
シードリップ
seedlip
まめまきぐるま
豆蒔車
リフター
lifter
ふぐし
掘串
キャロット
にんじん
つづく

坂口恭平さんのこの本

おふろだいすき

小学生の時に、自分の学習机の下に潜り込んで画板で屋根をかけ「家の中の家」を作っていた。それが後に建築家を目指すきっかけになるのだが、僕が興味を持っていたのは単純な「たてもの」ではなくて、学習机が家に変わる瞬間の「空間」であった。机の下に潜り込むと、普段足を置いていて目に付かない机の下は「洞窟」に変わり、椅子の座面は「テーブル」になる。そこから見た六畳の子供部屋は部屋ではなく「外」に感じられた。

部屋の広さ自体が変化したわけではないのに、そこにある机や椅子はいつもと何ら変わらないのに、なぜ空間の大きさが変化したのだろう。それが気になるもんだから、建築家を目指しながらもどんどん道がずれていってしまい「建てない建築家」になってしまった。

『おふろだいすき』はそんなことを考えるきっかけになった絵本である。母親が好きだったのだろう。うちには林明子さんが絵を担当した絵本がいくつかあり愛読していた。一人で入ればただのお風呂かもしれないが、アヒルのプッカを連れて浮かべたらそこはお風呂というよりも湖のように見えてくる。お風呂という箱のような空間に、人が入ってきて、愛着のあるオモチャが入ってきて、石けんを使い、泡を立たせ、波を起こすと、どんどんと空間が広がっていく。

浴槽も大きくなり、最終的には海にも繋がってしまう。

当時、僕はこれを空想ではなく、リアルなお風呂空間の捉え方をしていると感じたように思う。

人間は目で見えるものだけでなく「目に見えないけど感じることができる」空間を持っているという直観は、その後も僕の仕事に大きなインスピ

おふろだいすき

松岡享子 作
林明子 絵
(福音館書店)

レーションを与えてくれている。

町を歩けば、どこも大きなたてもので溢れている。空高く聳(そび)え立つ高層ビル群を眺めながら、目に見える世界に何もかも表出させなくたって、視点のスイッチを変えるだけで『おふろだいすき』みたいなスペクタクルが作り出せるのになあと思う。

なきこの本
57

きいて ごくらく
みみ じごく
ああ大変! あとで アイロン も かけなくちゃね
きくからに じごく!!
つづく

平岡あみさんのこの本

カロリーヌと ゆかいな8ひき

祖父母の家に、わたしの母の部屋はそのまま残っていました。押し入れにはたくさんの本があって、わたしは金色のケースに入った「カロリーヌと ゆかいな8ひき」という絵本のシリーズを見つけました。まだ小さかったわたしには、その本はとても豪華で重たく、座って膝の上にのせてページをめくりました。

六歳の誕生日に、母は「カロリーヌ」の本をセットでプレゼントしてくれました。誕生日には毎年、年の数と同じ数だけの絵本を母が買ってくれました。母が読んだことのないお話もあり、母もいっしょに読んでたのしそうでした。

ユピー、ボビー、ピポ、キッド、プフ、ノワロー、ブム、ピトー。カロリーヌと旅する八ひきの動物たちはみんなかわいいです。わたしは白黒の犬のボビーがいちばんすきで、どのお話の中でもいたずらなボビーのことが気になりました。ちょっとのんきで憎めないボビー。

お話もたのしいけれど、絵もそれ以上にたのしいのです。ひろげたページのすみのほうまでみると、動物たちの表情や格好が豊かに表現されていて、無邪気にはしゃいでいたり、時にはかなしげにいじけていたりします。動物たちが人間みたいなのか、カロリーヌが動物のようなのかわからないけれど、ひとつの世界に生きています。

「カロリーヌ」のシリーズの中でも、小さいときは『うみへ いく』『ゆきあそび』『クリスマス』がとてもすきでした。いまのわたしがすきなのは、『パリへ いく』『インドへ いく』『エジプトへ いく』です。行ってみたい国が「カロリーヌ」の舞台になっているのです、これは最高です。わたしがはじめてこの絵本と出会ったとき、作者のピエ

Caroline
カロリーヌ パリへ いく

ピエール・プロブスト 作
山下明生 訳
（BL出版）
※書影は『カロリーヌ パリへ いく』

ール・プロブストさんはまだお元気だったと知ると、あぁフランスに会いに行きたかったとおもいます。

わたしは小学生のとき、飼っていた亀に「カメリーヌ」という名前をつけて、絵本を描いたことがありました。きっと「カロリーヌ」のお話がだいすきだったから、カメリーヌにも仲間とゆかいなお話をつくってあげたかったんだとおもいます。

ときこの本
58
こどものとも 0.1.2.
かがくのとも
ときこ
ときこと ゆかいな 8冊
ちいさな かがく のとも
たくさんのふしぎ
こどものとも
母の友
こどものとも 年少版
こどものとも 年中向き
おやおや、母の友は 小さいから すぐ迷子に なってしまうなあ。
大変だ! こどものとも0.1.2.と 年少版が 投げられてる―!!!
本さん…
はじめに ときこと ゆかいな 9冊 にすれば よかったのよね…
…そんなこんなで みなさん 楽しそうで いいですね…。
つづく

飯沢耕太郎さんのこの本

もりのこびとたち

「きのこ文学」について本格的に調べはじめたのは五年ほど前からです。最初は小説、詩などを中心にさがしていたのですが、そのうち漫画や絵本も気になってきました。ただ「きのこ絵本」となると数はそう多くありません。白雪姫がこびとたちと暮らす森の家の近くの地面に、きのこが生えているといった描写はよく出てきますが、添え物のような扱いではなく、きのこが主役級で登場してくる絵本はなかなか見あたらないのです。

　それでも、注意深く「書棚のきのこ狩り」を続けているうちに、いくつか素晴らしい「きのこ絵本」を見つけることができました。レオ・レオニの『シオドアとものいうきのこ』、ステーエフの『あめのひ　きのこは…』、いわむらかずおの『トガリ山のぼうけん③　月夜のキノコ』、でもその中で一目見て「おおっ」と声をあげてしまったのが、このエルサ・ベスコフ作の『もりのこびとたち』です。

　ベスコフは北欧・スウェーデンの絵本作家ですから、子どものころからきのこ狩りを楽しんでいたのではないでしょうか。この本の中に登場してくるきのこは、ヤマドリタケ、アンズタケ、カラカサタケと、その名前をちゃんと確認できるくらいリアルに描かれています。でも、何といっても思わず顔がほころぶほど最高にかわいいのは、ベニテングタケの帽子をかぶった、四人のこびとの子どもたちの描写でしょう。

　カエルやコウモリと遊び、冬ごもりに備えて木の実やきのこを集め、森の学校で「ふくろうさん」の話に耳を傾ける子どもたち、その頭にはいつも赤地に白い点々の帽子が乗っています。実はこの帽子にはちゃんと意味があって、「にんげん

もりのこびとたち

エルサ・ベスコフ 作・絵
おおつかゆうぞう 訳
（福音館書店）

や　こわいけものがきても　しゃがんで　じっとしていれば　いいのです」。つまり、毒きのこであるベニテングタケの帽子なら、たとえ見つかっても向うから避けていくということで、ここでもベスコフがきのこについて、しっかりとした知識を持っていることがよくわかります。

59
森の陽気な
こびとさんは
毎日
お散歩して
ははははは
お友達と
遊んで
ははははは
おなかがすいたら
きのこを食べて
ははははは
……なんだか
危険な香りの
きのこだな…
ず――っと笑って
暮らしているのでした
ははははは
つづく

いしいしんじさんのこの本

ふしぎな たまご

年齢を重ねていっても忘れるどころか、その奇妙な味をいっそう増していく、幼少時の記憶、というものがある。僕の場合それは、卵に関することだった。四歳頃、たしか祖母が、ふわふわの長い毛のついた黒い玉をくれた。僕はそれを「猫の卵」と呼び（祖母がそういったのかもしれない）、毎晩ふとんにはいると脇にはさんであたためた。卵はなかなか孵らなかった。ほんとうは、眠っているうち孵っているのだが、明け方になると、また玉のかたちにとじてしまうのかもしれない。真夜中の部屋で足音をしのばせ、もっく、もっく、と足をあげ歩いていく夢の黒猫。

　ある夜祖母におこされ、オーバーを着て近所の池にいった。おおぜいが池をとりまいていた。星が降るぞ、と誰かが耳のそばでいった。目をこすっているうち、池の真上に銀色の雲のようなかたまりがひろがり、ひとつ、またひとつ、そのうち陽を浴びた天気雨のように、銀の尾を引いて星が降りはじめた。星の雨がやむと祖母に手をとられてうちに帰った。寝床のまわりを、猫の卵が無軌道に跳びはねていたのをうっすらおぼえている。その夜以来、卵はいなくなった。「ほんものの猫が孵ったんやな」と祖母はいっていた。

　去年の秋、はじめての子どもがうまれた。そのうち絵本を読んであげたくなった。昔実家にあったブルーナの絵本セット、そのなかからなんの気なしに『ふしぎな たまご』をだし、息子の前にひろげて読みはじめた。「みどりの　のはらに　ゆきのような　まっしろいたまごが　おちていた」。息子はなにがはじまったかと口をあけて見つめている。そうして四見開き目、僕は突如、絵本から四〇年前の実家にふきとばされて「ア

ディック・ブルーナ ぶん・え
いしいももこ やく
（福音館書店）

ッ！」と叫んだ。猫の卵が、絵ではなく、夢見るようなかたちで目の前にあった。「わたしのよ」「わたしのだ」といいはるめんどり、おんどりにつづき、「ちいさなねこ」が次のようにいっている。「おんどりが　たまご　うむかしら？　これは　ねこの　たまごです」。あの黒い卵は、幼い僕が絵本を読んでもらっているとき、この同じページから転がり出てきたのだ。息子が手を叩き、卵を割らんばかりに喜んでいる。

ときこの本
60

ここは
ご存じ出版社
そしてこれは
出版社の内部
おぎゃあ
おぎゃー!
ぴよ
ぴよ
……なんか
思っていたのと
違うなあ
こうして日々
本は生まれている
のです。
生まれてくる本には
たまに おかしな本も 混じっています
つづく

吉田戦車さんのこの本

おにたのぼうし

岩手県の水沢という町で生まれ育った。盆地なので積雪はそれほどでもないのだが、冬の寒さはかなりのものだ。凍てつく、という言葉にふさわしい寒さだった。

子供だから最低限の冬装備で（ズボン下はかっこわるいとされていたので×）元気に雪の中を遊び回っていたが、それでも日が落ちて、まわりの景色が雪の白さで全体的に青っぽくなってくると、早く家に帰ってコタツに飛びこみたくなった。

両親がいて妹がいて、暖かい部屋と温かいご飯があるということに、子供のことなので感謝もせず日々を暮らしていたわけだが、初めてそのありがたさを感じたのがこの『おにたのぼうし』だったと思う。

全体のトーンがかわいそうだ。少女の足の細さ、冷たくかじかんでいそうな指先などをくりかえし見ながら「なんてかわいそうなんだろう。おれは幸せだ」というようなことを思った。

当時から食い意地が張っていたので「煮豆と赤飯うまそう！」などとも思っていたのだったが。

鬼の子であるおにたは、いかにも心細そうな少女にくらべると、すぐに温かいご飯を調達してきたりするし、一人で生きられるたくましさを感じるのだが、それでも人が好きなのに人から嫌われる鬼の哀しさは胸にこたえた。

見えない「もの」もこの世には存在する、と信じることは、人生のつらさを軽減してくれる。心やさしいオバケたちが、人に恐れられ、傷つきながらも人知れず人を守っているというお話は、いつも私を勇気づけてくれる。

十数年後、母とともにつつましく暮らしながら成人した少女の前に、少年の姿のままのおにたが

おにたのぼうし

あまんきみこ ぶん
いわさきちひろ え
（ポプラ社）

ときこの本
ほん
61
まっ!
わたしはおべんとう
つづく

現れるような後日譚があってもいいな、と思える哀しいけどやさしい読後感は、大人になった今読んでもまったく色あせていない。

もうすぐ二歳になる娘には、節分を何度か経験して字が読めるようになって、親の手伝いの一つもできるようになったら与えようと思う。自分で読んでほしい絵本である。

中沢けいさんのこの本

おそばのくきはなぜあかい

靴下が嫌いだ。足がもそもそするから、なんとなく脱いでしまうことが多い。そういうわけで、台所のテーブルの下とか、机の下に丸まった靴下が落ちていることが多い。丸まった靴下のことを、うちの子どもは「かたつむり」と呼んでいる。たしかにかたつむりに似ていないこともない。

靴下が嫌いだから、真冬でも素足でいることが多い。私の素足を見て「よく冷たくないね」とか「見ているほうが寒そうだ」とか、お婆さんやおばさんたちに言われたものだ。でも平気。ちっとも寒くも冷たくもなかった。ところがである。五〇歳を過ぎた頃から、ずっしりと寒さが身に応えるようになってきた。足が冷えると、なかなか暖まらない。それでも靴下が嫌いだから困ったものだ。

足が冷たくなると、どこからともなく「おそばのくきはなぜあかい」と聞こえてくる。『おそばのくきはなぜあかい』は弟が買ってもらった絵本だった。おそばのくきが赤いのは、冷たい川を渡ったからだ。でも、なぜおそばは冷たい川を渡らなければならなかったのかは、もう覚えていない。

小豆色とうすいピンクの表紙にひょろりとしたおそばの絵が描かれていた。おそばのくきがなぜ赤いかというお話のほかに、「おししのくびはなぜあかい」「うみのみずはなぜからい」という昔話が収録されていた。私がこの本のことを忘れずに覚えているのは、子どもが自分で読む日本の昔話という本が、わりに少なかったためだ。もっと小さい子どものための絵本なら桃太郎とか猿蟹合戦などお馴染みのものがいろいろあったが、文字を覚えたばかりの子どもの読む日本の昔話というのは、ほんとに少なかった。『おそばのくきはな

おそばのくきは
なぜ あかい

石井桃子 文
初山滋 絵
（岩波書店）

ときこの本
ほん
62

ぜあかい』を買ってもらった時、弟はまだ小学校へ入ってなかったから、私が弟に繰り返し読んで聞かせた本だ。だから今でも足が冷たいと「おそばのくきはなぜあかい」と思う。何か大切な呪文でも唱えるように、そう思ってみる。

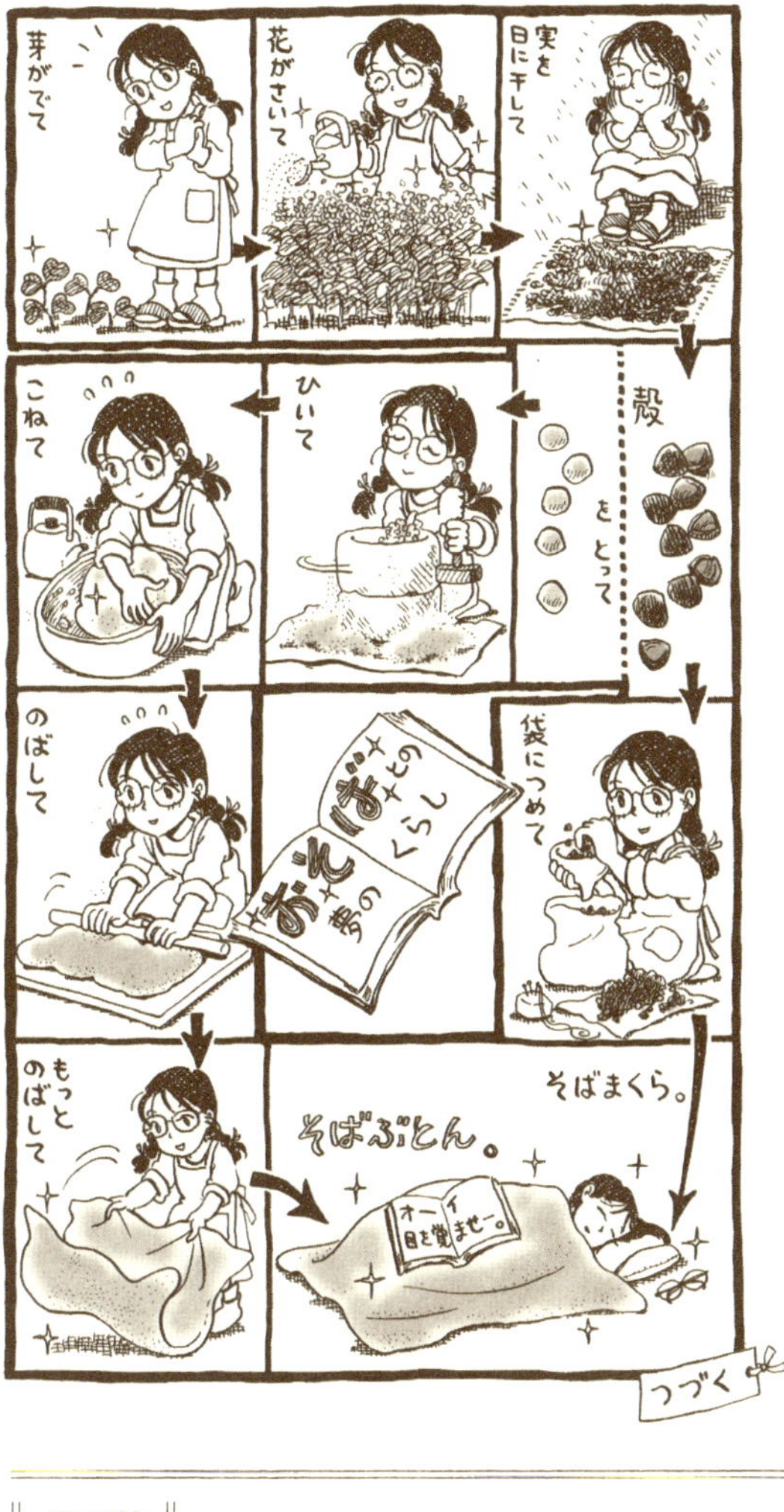
芽がでて
花がさいて
実を日に干して
殻をとって
ひいて
こねて
のばして
もっとのばして
袋につめて
そばぶとん。
そばまくら。
オーイ目を覚ませー。
つづく

藤野千夜さんのこの本

ちからたろう

『ちからたろう』のことは、ずっと忘れていた。たぶん三〇年くらい。いつだったか、三八とか九とか、もう結構な年になってからのことなのだけれど、仲のいい友だちの家でぐうたら、だらだらと過ごし、ご飯を食べ、おやつを食べ、たまたま子供の頃にどんな本を読んだかという話になって、ただし漫画以外で、というしばりをつけると、私も友人もかなり偏った漫画派、なかなか浮かばない。『いやいやえん』は好きだったかな、あと『幸福な王子』も、と、どうにか私が細い記憶を辿っていると、友だちのほうは、好きで読んだ覚えのある子供の本は「あかから生まれたあかたろう」一冊しかないと言う。

　しかもそれが書名なのかすら、もはや彼女は覚えていないと言うのだけれど、言われてみれば確かにそういう話はあった、あったよ、あかたろう、と頼りないながらも話し、そういえば『ちからたろう』という絵本もあって、私はそれが好きだったな、学級文庫で読んだ、と「たろう」つながりでふと思い出したのだったけれど、一体『ちからたろう』がどんな話だったか、そういう名の子が旅に出る話のような気はしたものの、それ以上は思い出せずに、さらに一〇年ほど。今回、この原稿のお話をいただいたのをいいきっかけに探してみると、かなり古くから版を重ねたものが、今も売られているのを見つけることができた。文が、いまえよしともさん、絵が、たしませいぞうさんのがそれだ。

　絵をひとめ見て、これだった、と思い出したその『ちからたろう』は、貧しいじいさまとばあさまが、身の垢を集めて人形を作り、「こんび（あか）たろう」と名づけると、そいつがめしを食い、

ちからたろう

いまえよしとも ぶん
たしませいぞう え
（ポプラ社）

ときこの本
63

大きくなって口をきき、大金棒を支えに立ち上がり、「ちからたろう」と名を変えて旅に出て大活躍するという話で、その絶妙なぐうたら感と痛快さがたまらない。と同時に、友人の好きだった「あかたろう」とそれが同じ話だと気づいておかしかったのだけれど、類は友を呼ぶというのか、三つ子の魂百までというのか。ともあれ友人にはすぐに電話をして、教えて笑ったのだった。

力たろうは
ふるい
ごえもんぶろで
生まれた
力たろうの声は
とても小さかった
また力たろうは
うずまきが
大の苦手だった
力たろう…
弱そうだけど
大丈夫なのかな
ぽりぽり
けっこう
たくましく
やってるよ。
そんな力たろうは
人知れず去って
ゆくのだった
つづく

富安陽子さんのこの本

めっきらもっきら どおん どん

子どもたちが小さかった頃、家の近くにある阿比太神社という大きな神社によく遊びに行った。お社の裏の公園はうっそうとした木立に囲まれ夏でもひやりと涼しかったし、秋になれば鎮守の杜のナラやクヌギが大小様々なドングリを降らせてくれる。その神社は、子どもたちのお気に入りの遊び場だったが、ちょっぴりおっかない場所でもあった。お社の脇を通って裏の公園に向う境内の途中に、子どもらが「めっきらもっきらの木」と呼ぶ古いクスノキが生えていたからだ。クスノキの根元には小さな洞がぽかりと口を開け、太い幹には『めっきらもっきら どおん どん』の挿絵とよく似た注連縄まで張られていた。子どもらは、その木の下を通る時にはいつも足音を忍ばせ、息をひそめた。〝もんもんびゃっこ〟や、〝しっかかもっかか〟や、〝おたからまんちん〟に、洞の中に引きこまれることを恐れていたのだろう。

私が面白がって「ちんぷく まんぷく あっぺらこの きんぴらこ……」などと歌い出そうものなら、もう大変だった。「だめだよ！ だめだよ！ 穴の中に引っぱりこまれるよ！」と上の子は血相を変え、「だけど大丈夫だよね？ 〝お母さん〟って言ったら帰って来られるよね？」と下の子は泣きそうな顔で私の手を握った。そんなにおっかながるくせに子どもたちは『めっきらもっきら どおん どん』の絵本が大好きだった。私は子どもらにせがまれて、いったい何度あの本を読んだことだろう。

〝ちんぷく まんぷく
あっぺらこの きんぴらこ
じょんがら ぴこたこ
めっきらもっきら どおん どん〟

めっきらもっきら
どおん どん

長谷川摂子 作
降矢なな 画
（福音館書店）

私がでたらめのふしをつけて歌ったこの歌も繰り返すうちにすっかりスタンダードとなり、子どもたちもそらで歌えるほどだった。阿比太神社には今も「めっきらもっきらの木」が生えている。

その木の下を通りかかると私はつい、この歌を口ずさみそうになる。遠い日のことを思い出しながら——。

ときこの本
ほん
64

ここは ふしぎな
神社なんだよ
どれ どれ
ほんとだ!
こんな大きな
アリがいたよ
ときこは
大物になるね
つづく

石澤彰一（押忍！手芸部 部長）さんのこの本

『てん』

この絵本に出会ったのは、二〇一二年の春に金沢21世紀美術館で「自画大絶賛（仮）」という展覧会を開催中のこと。美術館スタッフの鍛冶さんが、部長にピッタリだと選んでくれた絵本『てん』。お絵描きの時間に何も描けないでいる主人公ワシテ（子ども）、それを見た先生（大人）が「しるしをつけること」で描くきっかけを作り、ワシテの個性を引き出すおはなし。押忍！手芸部の部長である私と同じやり口だ。この絵本『てん』をきっかけに部活（ワークショップ）のアイディアを思いついて……やってみた！

「てん」を一つ……。描いてみて。小さな「てん」は、自分が生まれた瞬間。もちろん、人それぞれ違います。

小さな「てん」の周りに一つの輪。一歳。

小さな「てん」の周りに二つの輪。二歳。

小さな「てん」の周りに三つの輪。三歳。

小さな「てん」の周りに四つの輪。四歳。

小さな「てん」からどんどん輪が大きくなる。

小さな「てん」の周りに思い出が刻まれます。小さな「てん」の周りの輪はその人の歴史。

一八…一八歳、高校卒業。

三四…三四歳、結婚。

とか、自分の歴史を思い出しながら小さな「てん」の周りに輪を描きます。こうしてできる年輪のような「てん輪」の絵には、上手く描けたとか下手とかの定規はありません。

四〇…四〇歳、押忍！手芸部設立。

四八…四八歳、今！

最後に、自分の歴史「てん輪」にサインを描きましょう。

ピーター・レイノルズ 作
谷川俊太郎 訳
（あすなろ書房）

ときこの本
ほん
65

この絵本は、大人に読んでもらいたいおはなしで、大人のための物語。この物語のワシテは子どもではなく、大人になったあなたかも。

さあ、「てん」を一つ……。描いてみて。

きた きた
事件の匂いを
かぎつけた
ようだな
何が
起こったか
みなさん もう
おわかり 頂けた
だろうか ……
ガーン
つづく

森見登美彦さんのこの本

ぼくは　くまのままで　いたかったのに……

小学生の頃、世界の中心は「万博記念公園」であった。日曜日になると、よく家族でお弁当を持って出かけ、一日中遊んでいた。のちに私の想像力の中核になるものは、すべてそこにあったようである。世界の果て、廃墟、未来的なもの、現実と地続きの異世界、人工物と自然が混じり合う風景。

『ぼくは　くまのままで　いたかったのに……』は、万博公園で育まれた私の万博公園的想像力にぴったりであった。ひんやりとした質感の絵に魅了されて、いくら眺めていても飽きなかった。

雪の降りしきるハイウェイ沿いにポツンと建つ「モーテル」の淋しい美しさ！　私は「モーテル」という言葉を覚え、いつの日にか必ずモーテルに泊まってみせると決意した（まだ泊まってない）。複雑怪奇でつやつやと黒光りする工場機械にも魅了されたが、これは鉄道的想像力にも溢れていた男子としては当然のことだろう。私のお気に入りは、卵型のテレビのあるモダンな社長室であった。社長室の広い窓からは、緑の森が見えている。その森は万博記念公園の森とつながっているのだ。私はそんなふうにして、自分の身のまわりの世界と、本の中の世界をつなげてしまうことがよくあった。

最後には救いがあるものの、主人公のクマにとってはつらい物語である。「クマである」というアイデンティティの危機に瀕したクマが、どこまでも冷たい世界をさまよい歩く。全編にわたって、ものがなしい雰囲気が漂う。でも、それもまた、ひんやりとした絵にぴったりで、なんともいえず良かった。

小学生の男の子を主人公にして、『ペンギン・

イエルク・シュタイナー 文
イエルク・ミュラー 絵
大島かおり 訳
（ほるぷ出版）

ハイウェイ』という小説を書いたことがある。「ペンギン・ハイウェイ」という言葉は、テレビのドキュメンタリー番組で知った。その言葉からまず連想したのが、この絵本である。降りしきる雪の中、労働者姿のクマがハイウェイに沿って歩いていく。行く手に浮かび上がるモーテルのネオンサイン。その質感を手がかりにして、『ペンギン・ハイウェイ』の世界が始まった。人間の想像力というのはふしぎな働き方をする。

ときこの本
66
遠い森から留学生がやってきました
さっそくみんなのにんきものです
ちょっぴりうっかりもので
ひょうきんもので
はたらきものの彼は……
なまけものさん帰っちゃったの…
故郷で自分を見つめ直したいんだって
今回は青春ものでした!
つづく

細谷亮太さんのこの本

あかちゃんの くるひ

聖路加での初期研修を終えた一九七四年の春に結婚し、一年後に長男が生まれた。

当時の研修医の給料は話にならないほどの薄給で、アルバイトをする時間もないほど忙しかった。父は内科の医者だったので修行中の貧乏を理解していて、母に米その他の食料を送るように命じたが、私の妻は「どうにか暮らせておりますから」と固辞した。彼女は強烈に自立にこだわった。その結果、わが家は一汁一菜、毎日メザシとご飯のような暮らしが続いたが、それほど苦にはならなかった。

長男が二歳になって、間もなく次男が生まれた。お産が近づいても私の勤務に時間の余裕はなく、臨月を前に長男は私の田舎に預けられた。産後は信州から妻の母が手伝いに来てくれるという段取りだった。

その頃に長男のお気に入りだったのが、『あかちゃんの くるひ』だ。この本を抱えて山形の両親の所へ出かけて、とてもおりこうに過ごした。

表紙をめくって扉ページの左側、普通は何も書かれていないか、出版の日付が記されるページから話が始まる。

「おかあさんは　ずっと　おるすなの
でも　きょうは
あかちゃんを　つれて　かえってくる」

そして、扉ページに小さな女の子と表題。

二歳になったばかりの長男は上手に、その本を読んだ。次のページは、

「あれは　わたしの　のった　うばぐるま」

そして右ページに素敵な乳母車の絵。ページをめくって大きな声で正確に読んだ。

しかし、それから二年ほど経って、実は彼が強

あかちゃんの くるひ

岩崎ちひろ 絵・文
武市八十雄 案
(至光社)

ときこのほん
67

ごめんください
あかちゃんだ
ミルクをどうぞ
すみませんね
あかちゃんだと
おっとそろそろ行かないと
おもっていたけど
おっ送って行くよー!
母と妹の定期健診が済む時刻ですので
ではおいとまします
ときこの甥っ子ももうお兄さんなんだね……。
つづく

度の先天性遠視で当時はほとんど何も見えていなかったことが判明する。私たちはその頃、アメリカに居た。まさに青天の霹靂。盲学校へ行くことになるだろうと言われたのだが、眼鏡を作ってもらった四歳児は、幸いにも絵本が大好きだった。それがリハビリに役立ったのだろう。奇跡的に視力を獲得してくれた。今は私と同じ仕事をしている。

澄川嘉彦さんのこの本

おなべ おなべ にえたかな？

絵本を読み始めたのは三五歳の時。思うところあって、東京の会社を辞めて岩手県の山奥に引っ越してからである。お金はなかったけど時間と薪はたっぷりあった。薪ストーブの火にあたりながら子どもを膝にのせて絵本を読むのは至福の時であった。

『おなべ おなべ にえたかな？』は子どもたちが大好きな作家〝こいでしゃん（小出保子さん）〟の絵本であり、「もう一回、もう一回」とせがまれて何度も読んだ一冊である。

物語は急に出かけることになった〝おおばあちゃん〟に代わって、きつねの〝きっこ〟が鍋の番をするというおはなしだ。きっこが張り切りすぎて鍋の中身がすっかり変わってしまうのだが、帰って来たおおばあちゃんは叱るどころか「なんてすてき！ はるの あじがする はるの スープ」とほめてくれるのである。

私の祖母もおおばあちゃんと同じように怒ることのない人であった。いろいろな悪さをしたが叱られた思い出がない。いつもニコニコ笑っていた。五歳の頃だったか、窓ガラスを割ったことを隠していて伯母にきつく怒られた時も、祖母は私を守るように抱きしめて「この子はええ子ですから怒らんとってやって下さい」とくり返すのである。私はその時、祖母から一生の宝物をもらったのだと思う。

今の私は映画作りを仕事にしているが、気がつくと自分が子どもの頃に感じたのと似たような幸せを求めてカメラをまわしている。大人になってからの日々というのは自分の原点を探す旅ではないだろうか。まるで大きくなった鮭が生まれた川に帰っていくように。

おなべおなべ
にえたかな？

こいでやすこ さく
（福音館書店）

よい絵本も同じだと思う。読む人を子どもの頃に引き戻し、自分の出発点を考えさせてくれる。それはきっと絵本そのものが作者の幼い頃の宝物のような時間から生まれているからなのだろう。

きっこたちの実に生き生きと描かれた眼の表情などを見ていると、作者である〝こいでしゃん〟御自身の子ども時代の宝物を披露(ひろう)してもらっているような気がしてくるのである。

ときこのほん
68

水たき
ごぼう
とりにく
はくさい
ねぎ
しらたき
やきどうふ
ぶなしめじ
えのきだけ
さつまあげ
しゅんぎく
ポン酢しょうゆ
おろしだいこん
JOKER
すきやき
あぶらみ
ねぎ
ぎゅうにく
みりん
しょうゆ
はくさい
しらたき
とうふ
えのきだけ
しいたけ
しゅんぎく
たまご
JOKER
きるわよ!
おでん
だし
ぎゅうすじ
こんにゃく
だいこん
ゆでたまご
つみれ
がんもどき
あつあげ
ごぼてん
こんぶ
きんちゃく
ちくわ
JOKER
?
バター
さとう
たまご
MILK
ぎゅうにゅう
こむぎこ
ベーキングパウダー
リキュール
ジャム
ホイップクリーム
キウイ
いちご
ろうそく
わかったかな?
きりとってあそんでね…

長田弘さんのこの本

『こねこのぴっち』

昭和の戦争の時代、親もとを離れて、山あいの温泉町に暮らす祖父母の家に一人預けられて、疎開して、緑濃い日々を過ごし、そのまま、幼友だちをもたず、幼稚園にゆくこともなく、親もとにもどって、終戦の次の年に小学校に入り、しかもすぐに二度の転校がかさなったりして、幼い日々に絵本を手にしたという記憶を、わたしはもちませんでした。

　それでいて、ふりかえると、とてもふしぎなことに、幼い日々のあのころのことを鮮明に思い出させてくれるのは、幼い日々に手にしたことのなかったおおくの絵本たちです。しかも、さらにふしぎなことに、幼い日々のあのころのよすがとなるそれらの絵本のほとんどは、なんども読まれればぼろぼろになった本として、いまでもわたしの本棚にのこっています。

読まなかった絵本たちが、とても懐かしい本として本棚にあるのは、それらの本はすべて、わたしが大人になってから、親になって子どもたちといっしょになんどもなんども読んだ絵本たちだからで、子どもたちが残していったとうに本の背もすりきれた絵本たちが、その後は、わたしの幼い日々に欠落していた夢をとりもどさせてくれるものとなったのでした。

　なかでも、大人のわたしに、戦争の時代の幼い日々のあのころ、祖父母と共に暮らした温泉町の緑濃い日々に幼いわたしが抱いていたのは、きっとこんな感情だったんだとつよく思い出させてくれた印象的な一冊は、りっぱなおんどりや、やさしいやぎや、およぎのうまいあひるになろうとしてこわい思いをするちびねこの絵本、『こねこのぴっち』でした。

こねこのぴっち

ハンス・フィッシャー 文・絵
石井桃子 訳
（岩波書店）

ときこの本
ほん
69

……
ニャー
つづく

後になってから子どもの本に多くをまなべるのは、かつて子どもだった大人のほうなんだということ。絵本のない幼年時代を送った子どもだった大人のわたしに、そのことをおしえてくれた『こねこのぴっち』。「ここが、いちばん　いいところだ」。こねこのぴっちは最後にそう思います。いつも「ここ」がどこかをおしえてくれるのが絵本です。

鈴木理策さんのこの本

はせがわくん きらいや

長谷川集平さんにお会いしたのは一三年ほど前、新聞社からポートレイト撮影の依頼を受けた時でした。長崎のご自宅に伺い、近くの教会や平和公園を散歩しながらたくさんのシャッターを切りました。

人物撮影法には対象の姿かたちを物質的に表すか、被写体と撮影者の関係を画面に投影するかの二極があると思います。長谷川さんを撮った写真は明らかに後者で、彼と私の関係が写り込んでいます。初対面での撮影は難しい場合もありますが、東京からやって来て蠅（はえ）の様にうろつきながらシャッターを切る私を、長谷川さんは面白がってくれました。私もその時間を心から楽しみました。写真の中の長谷川さんは気心の知れた友人のようです。ご一緒した時間は五〇分ほど、お会いしたのはこの一度だけですが、以来私は長崎に友達がいると（勝手に）周囲に話しています。

彼の処女作『はせがわくん きらいや』は、森永乳業が販売したヒ素混入粉ミルクによって多くの乳幼児が中毒患者となった事件を下敷きとして、障害をもった主人公・はせがわくんと友人たちの日常をひとりの友人の視点から描いています。友人「ぼく」は、しんどい、かなわん、頭にくるとぼやきながらも、はせがわくんのことが気になるようです。ある日、障害の原因がヒ素入りミルクを飲んだことにあると聞いた「ぼく」は、その不条理を「ようわからへん」とはねつけ、自分の目に映るはせがわくんから必死に何かを理解しようとします。彼のいらだちは、黒一色の力強い筆致からも伝わってきます。

著者自身をモデルとする主人公は最後まで何も語りません。けれども、私ははせがわくんのこと

はせがわくん きらいや

長谷川集平 作
（復刊ドットコム）

ときこの本
ほん
70

わたしは本がだいきらい
おもいし 水にぬれると
よれよれになるし
ちょっとよんでいると
駅
でんしゃをのり過ごすし
見たい
テレビもわすれるし
よんでない時
もつづきが
気になるし
気がついたら
おこづかいも
置くところも
なくなるし!!
しらんかな
つづく

をよく知っている気がします。はせがわくんに対し繰り返される「きらい」の後に、声にならない「でも……」が続くことも知っています。他者を受け入れたいと願っても、一方の気持ちだけでは上手くいかない。それは写真を撮る難しさとも似ています。見ることは、見られることと表裏一体なのでしょう。

こうの史代さんのこの本

おおきな　おおきな　おいも

この本に出会ったのは幼稚園の時だ。

あおぞらようちえんの園児たちが、いもほりえんそくに行こうとするが、雨で延期になり、来週掘るおいもについて想像を巡らす、というお話である。

先生が読みながら、本を立てて絵を見せて下さると、我々は、のび上がったりちいさな椅子から腰を浮かせたりして、我々の生活そのもののような、その素朴な世界に見入った。しかし、かれらが想像して描く果てしなく巨大なおいもに、次第にざわめきが起こった。わたしもその大きさに驚いたおかげで、その後の話が全く頭に入らなかった。

幼稚園から家に帰り本棚を探すと、父がまとめて買ってくれた絵本の中に、この本を見つけた。文字はなんとか読めるようになっていた。はやる心で続きを読んだ。あおぞらようちえんの園児たちは、先生に聞かれるままに、おいもを掘り出し、運ぶ方法を考え、洗って、遊んで、料理して、食べて、おならで空を飛んで家に帰って行くのだった。読み終えてみると、この本にはもっと重大な不思議が潜んでいた。いつの間にかこの本の中で、このおいもは想像上の物ではなくなっているように見えることだ。それから一〇年以上、わたしは何度も読み返した。

幼稚園に通う前のわたしは、毎日妹と昼寝をしていた。目が覚めるといつも母が窓辺にいた。ある日「さっきビー玉が歌いながら空を飛んでった」と言うと、「それは『夢』よ」と教えられた。以来、姉や妹と笑い合う時、弟の髪の濃くなるのを眺める時、幼稚園や小学校にいる時、これは夢で、目が覚めたらまたあの昼下がりの日だまりで

おおきなおおきなおいも

赤羽末吉 さく・え
（福音館書店）

ときこの本
ほん
71

母が洗濯物をたたんでいるんじゃないか、とふと思ったりしていた。この『おおきな　おおきなおいも』は、密かにわたしが抱き続けていた覚めないままの長い夢を、いつも外から見せてくれた。

そして一〇〇回は読んだであろう今も、夕焼け空を飛び去ってゆく園児たちはちっとも想像の中にいるようには見えなくて、まあ結局こうしておとなになってみると、夢見るという事は現実の人生に繋がっていたな、と気付くのだ。

いいですか もんだいです
外見は似ていても味わいはさまざま‥‥
老いも若きも夢中になっちゃうわたしは何でしょう？
いも!!
ご愛読ありがとうございました!!

あとがき（執筆者の一人として）

「絵本の紹介文に、題字と四こま漫画を添えて下さい。漫画の方では、平凡な主人公と、ちょっとクールな相手役の掛け合いみたいなものが見たいですね」

最初の打ち合わせで、編集さんがおっしゃったのは確かこんな感じだったと思います。相談して結局「本好きの主人公が妙な本と会話する」という設定に決まったわけですが、はてさて、ヒトが本みたいな無機質なものと絡んでいるところなど絵にして楽しいかな……？　と初めは不安でいっぱいでした。

しかし、一回目の紹介文がそんな不安をすぐ晴らし、この連載の流れを一気に決定づけてくれました。おずおずと現れた「わたし」と他者の関係を丁寧に解き明かす絵本『わたし』は、まさに登場したばかりのときこと本さんの状況そのものでした。そんなわけで、やや地味なふたりは毎回紹介される絵本に導かれては染まることとなりました。

紹介文は、時に愉快で、時に切なく、やっぱりそれぞれ美しく、何より「好き」に満ちてきらめいていました。ああ、人というのは出逢うもので出来てゆくのだなあ、と感じました。また同時に、漫画の道だけを志してきた身としては、絵本の世界の自由さと、それを裏付ける厳しさを垣間見る貴重な機会となりました。

こうして、紹介文と紹介される本と、ひと月に二つずつの出逢いを体験しながら、あっという間に六年間が過ぎたのでした。気付けばわたしにとっては二番目に長い連載となっていました。

いつも穏やかで思慮深く、時折へんに少年ぽいボケをかます福音館の印南様。紹介文をお寄せ下さった皆様。関わらせて頂いて、わたしは本当に本当に幸運で幸福でした。

平凡社の菅原様。単行本化にあたって大変お世話になりました。

最後に、読んで下さった皆様。いつか出逢う時があるなら、ここに載っている文について、また本について、語り合えるといいです。

本当に有難うございます！

二〇一四年一月　凍てつく晴れの真昼に

こうの史代

あのとき、この本

二〇一四年三月二〇日　初版第一刷発行
二〇一七年九月　一日　初版第五刷発行

編集　「この絵本が好き！」編集部
漫画　こうの史代
発行者　下中美都
発行所　株式会社平凡社
〒一〇一-〇〇五一
東京都千代田区神田神保町三-二九
電話　〇三-三二三〇-六五八五（編集）
〇三-三二三〇-六五七三（営業）
振替　〇〇一八〇-〇-二九六三九
ホームページ　http://www.heibonsha.co.jp/
装幀　名和田耕平デザイン事務所
印刷所　株式会社東京印書館
製本所　大口製本印刷株式会社
DTP　株式会社梵天

ISBN 978-4-582-83645-5　NDC分類番号019.53
A5変型判（18.2cm）　総ページ152